人間脳を育てる

動きの発達&原始反射の成長

発達支援コーチ
灰谷 孝

花風社

本講座参加メンバー

灰谷《はいたに》　孝《たかし》
発達支援コーチ

浅見淳子《あさみじゅんこ》
本を作る人・
発達障害の人が発達する方法を探して伝え続けている

栗本啓司《くりもとけいじ》
発達援助をしている人・
身体を整えることにより発達を促す方法を伝え続けている

小暮画伯《こぐれがはく》
絵を描く人・本書作画担当

はじめに

自己紹介

こんにちは、灰谷孝です。

発達支援コーチという仕事をしています。

兵庫県淡路島に住んでいて、「一般社団法人ここからだ」代表理事として多くの仲間と発達支援という仕事に日々精進しています。

生まれは一九七四年。大学卒業後、十年間会社員としてドーナツ屋の店長、飛び込み営業マン、人事の仕事を経験しました。

人事で仕事をしていたときに「働きがいを感じられる社会になるためには、社会人になる前の教育にもっとできることがあるはず」と感じ、会社を卒業して独立し、新人研修講師や、働く人のコーチ、大学のキャリア講師などをしていました。

独自に心理学やカウンセリングを学び働く人の「心」のケアに注目していましたが、ある時に「そもそも心を込めるための身体ができていないのではないか」と感じ、身体から土台作りをすることが大切と考えるようになりました。

その頃「ブレインジム＝教育キネシオロジー」という学習困難を持つ子どものための身

体プログラムのインストラクターとなり、キャンピングカーで日本一周をしながら、全国で講座や個人セッションを行い、多くの子どもたちと出会いました。

それまで成人と接する事が多く、児童や発達について大学などで専門的に学んだことのない私は、「人の心と身体はどのようにつながっているか」「発達はどのようにして進んでいくか」ということを、この時期に出会った子どもたちから直接学んだように感じています。

その後多い時には一日に八人くらいの子どもさんの個人セッションをお受けしていましたが、非常に重度のお子さんの相談も受ける中で、自分が持っている技術がどこまで通用するのか、次に来るお子さんには効果が出るのか、など常に不安を持っていました。当時はまだ「学んだ技術や知識がどうやったら子どもに当てはまるか」と考えながら接していたのです。

しかし、ある時「セッションをするとへとへとになる自分」に疑問を感じました。子どもたちが健康で元気になって行くお手伝いをしているのに、支援者である自分が疲れるというのは、どこかやり方が間違っているのではないか、と考えました。

そこで、私のやり方は大きく転換しました。私が持っている「技術」を信頼するのではなくて、子どもが持っている自己治癒力と可能性を信じきる。この大きな違いに気づくことになったのです。

全国から発達支援の相談をいただく中で、孤軍奮闘する保護者さんの存在を知りました。情報が少なく受ける支援を選べない現状を知って、「誰でも、どこでも、いつでも発達支援ができる」ことを多くの人に知ってほしいと思い、子どもたちに教えてもらったことを中心に、私自身が得た知識や経験をまとめた「発達支援コーチ」の講座を始めました。

発達に課題を持つと言われている子どもたちに対し、身体の動きや感覚へのアプローチを通して自分らしい発達を支援する方法を、全国で伝えています。そして子どもたちの持つ可能性についても。

現在は「原始反射」の視点で発達障がいを持つ子どもを中心に、二歳〜働く大人までの個別サポートを行い、「発達支援コーチ」の講演も全国で行っています。また児童発達支援/放課後等デイサービス「チャイルドハート塩上」の運営を含め、発達支援の事業所への教育研修やコンサルティングなど、子どもたちが自己を表現し可能性を広げられるための場作りを進めています。

子どもたちがぐんぐん成長していく姿から学んだ多くのことを、わかりやすく本書にまとめました。お役立ていただけましたら幸いです。

人間脳を育てる　目次

第三講座

原始反射の成長

第一講座

学ぶ土台作り

動きの発達・四段階を知る

講師

灰谷 孝

受講者

浅見淳子

栗本啓司

小暮画伯

浅見 さて今日は、発達支援コーチの灰谷孝さんにみんなでお話を伺います。
灰谷さんは前書きにあったように「発達支援コーチ」としてご活躍中です。
そして「動きの発達」「原始反射」という視点から画期的な発達支援プログラムを実践されたり実践家を育成されたりしています。

栗本 私は先日灰谷さんのお話を伺い、実際にお子さんを対象に実践するセッションも見学に行きました。

小暮 はい。

そして「このやり方が広まれば、またたくさんの人たちが助かるなあ」と思ったので、わかりやすく広く伝わるよう、本にすることにしました。どうぞよろしくお願いいたします。

灰谷 よろしくお願いいたします。

よろしくお願いいたします。

「学習するための土台が整った姿」をまず確認しよう

小暮画伯、早速ですが、描いていただきたい絵があるんです。右手にお箸、左手にお茶碗、そして背筋をまっすぐ伸ばしてご飯を食べている子どもの絵です。

承知しました。こんな感じですかね。

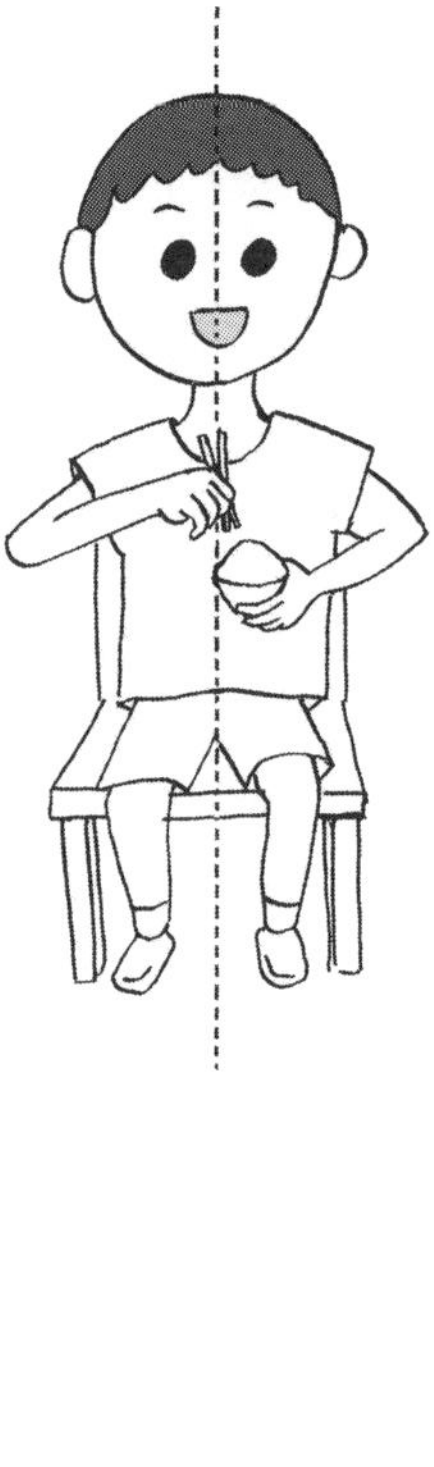

そう。この状態が自然にできるようになって初めて、人間の脳は人間としての学習の準備ができるんだそうです。
灰谷さんまずはそこからご説明お願いいたします。

左半身・右半身・背骨→使えるようになって初めて学習の土台が整う

この絵を見ると、まず身体の左右が別々に使えていますね。右手にはお箸、左手にはお茶碗を持っています。そして身体の真ん中で、お箸とお茶碗がきちんと出会っています。

ということはどういうことかというと、

一　脳が身体の真ん中を把握している。
二　身体の左右が別々に使える。
三　しかもその動きが統合している。

ということです。

主に脳の右側は身体の左側に、そして脳の左側は身体の右側に司令を送っています。

ですからこういうポーズが取れるということは、

・左右の脳がそれぞれにきちんと機能している。
・しかも左右の脳が協調した動きができている。

ということです。

なるほど。

左右の脳が自動的にそれぞれの役割を果たし、しかもハーモニーのとれた動きができるようになることと、言葉がよりよく使えるようになることは関係があります。なぜなら、言語活動とは左右の脳の共同作業だからです。

・言語活動とは左右の脳の共同作業である。

なるほど。

そして左右の脳が共同作業を行えているということは、それぞれの脳が果たす処理方法、つまり

・同時処理（全体をとらえた処理）

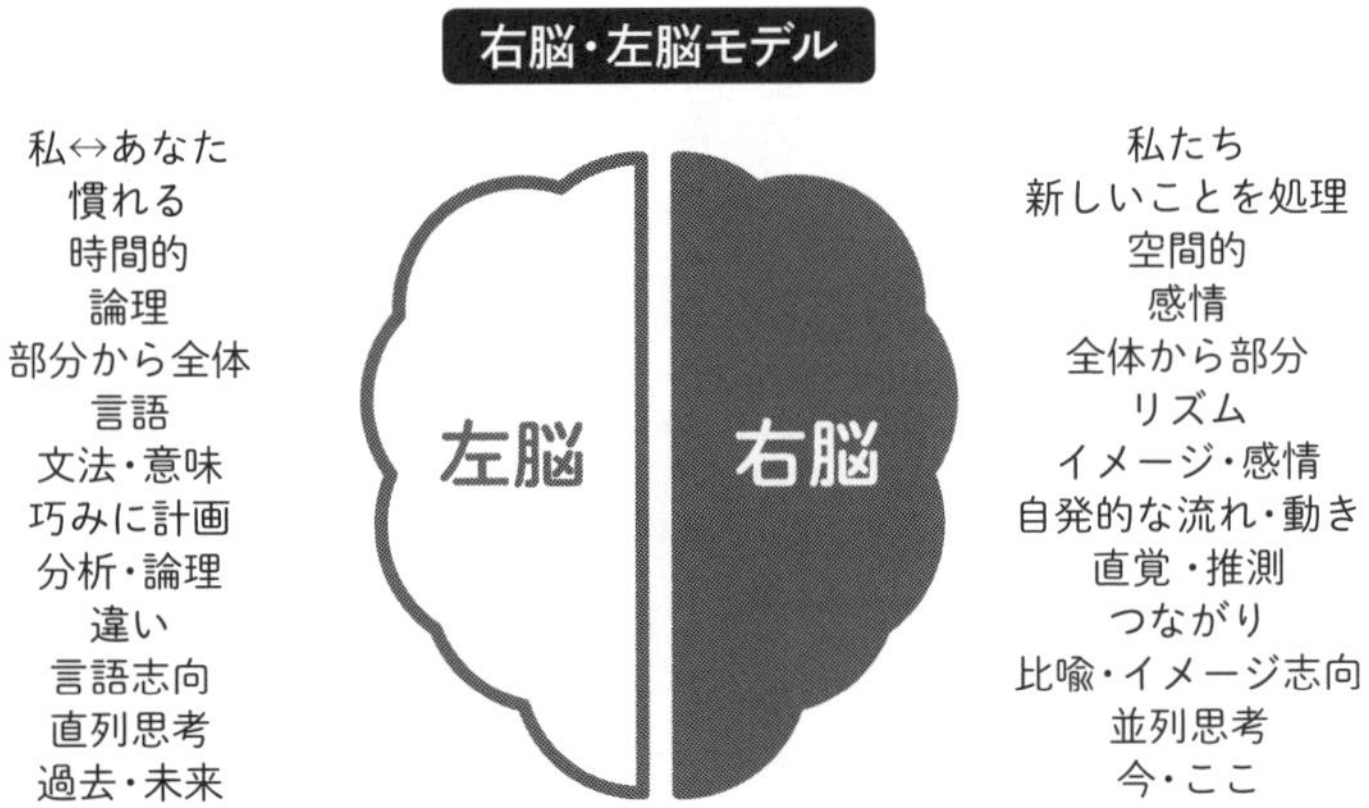

右脳・左脳モデル

左脳	右脳
私↔あなた	私たち
慣れる	新しいことを処理
時間的	空間的
論理	感情
部分から全体	全体から部分
言語	リズム
文法・意味	イメージ・感情
巧みに計画	自発的な流れ・動き
分析・論理	直覚・推測
違い	つながり
言語志向	比喩・イメージ志向
直列思考	並列思考
過去・未来	今・ここ

・継次処理（順序立てた処理）

が両方行えているということです。文字を読み理解するにはこれが必須の脳機能なのですが、発達の凸凹が大きな方は一方が大きく得意だったり不得意だったりすることがあります。

・「文字を読む」という活動には同時処理と継次処理の両方を必要とする。

なぜ文字を読むのに同時処理と継次処理の両方が必要なのですか？

たとえば「わたし」という単語を読むとき「わ」「た」「し」という字を一字一字処理する機能と同時に「わたし」という塊として認識する力が必要です。

この文を読んでみてください。

「にわににわにわとりがいた」

「にわに　にわ　にわとりがいた（庭に二羽鶏がいた）」と読めるのですが、すぐわかる人と少し時間がかかる人がいます。

私たちはこのように、「文字の羅列」を「単語」というグループに分けて意味を理解しています。しかも、瞬時にほとんど自動的に。

このことを「同時処理」といい、主として視覚的な能力によって可能となっています。

たしかにそうですね。

ですから、左右の脳がコーディネートできていない発達段階で就学すると学習上の不便さが発生します。これはほんの一例です。

なるほど。

・左右の脳がコーディネートできていない発達段階で就学すると学習上の不便さが発生する。

だから、このイラスト（↓13ページ）のように

・左右別々の動きができて、しかもそれが自然に統合できる状態
・自分の背骨のありかがわかっている状態
・お茶碗とお箸が出会う身体の真ん中（正中線）がわかっている状態

まで発達を促すためのアプローチを僕は行っています。

なるほど。「左右を同時に自然に使い分けられるように」なって初めて言葉が意味あるものとして扱えるし、人間社会で生きていくための知識方面での学習の土台が整うというわけですね。

そうです。

・「左右脳の使い分け」と「自分の身体の真ん中（正中線）をつかんでいること」ができて初めて人間らしい学習の土台が整う。

黒板を見るということ

そして学校に入り、黒板を見てノートに書き写す場面を考えてみましょう。実は視点を黒板に合わせるのにも左右の脳の協力が必要です。そして黒板を見たあと手元のノートに視点を合わせるためには、自分の身体の真ん中がわかっていないといけません。その上で目を真ん中に寄せたり、視点が真ん中をまたいだりする必要があります。

なぜですか？

ノートを見るために左右の目を身体の近くに寄せないといけませんし、文字を追うためには、視点が身体の真ん中を左右にまたぐ必要があります。そして、人間には利き目があります。黒板に書いてある文字に焦点をまず合わせるのが利き目で、もう一方の目がそこについていくのです。つまり、両目で見る時にも左右の目は違う動きをしています。

◎ 利き目の見分け方 ◎

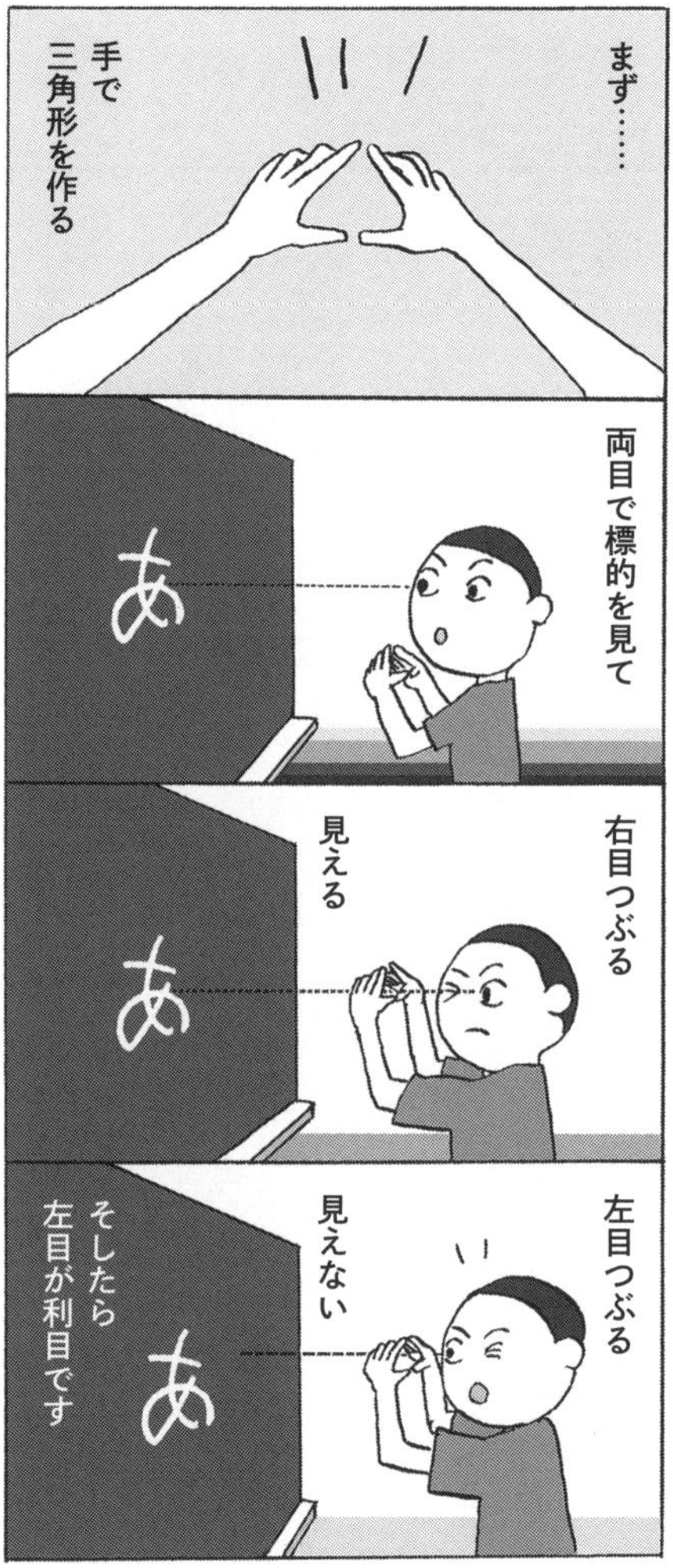
まず……
手で
三角形を作る
両目で標的を見て
あ
右目つぶる
見える
あ
左目つぶる
見えない
そしたら
左目が利目です
あ

ですから、左右の目が別々に使えてかつ両目のチームワークができていないと黒板の文字に焦点を当てるのが難しいのです。
そして頭を上げて黒板の文字を見て、次にノートを見るには、いったん黒板に合わせた焦点を今度はまた身体の中心（正中領域）に集めるという切り替えが必要です。

なるほど。

しかも、筋肉というものには、「大↓小」という発達の順序性があります。身体全体の大きな筋肉が動かせるようになってから目のような小さな筋肉を動かせるようになるのです。だから身体全体の左右が別々に使いこなせない段階、中心が自然に把握できていない段階では板書すら難しいのです。

なるほど。つまり、大きな筋肉で左右が別々に動かせて、しかも別々に動かしながらも協調的に使える身体が整ったあとでようやく、就学して勉強できる目の動きが可能になるわけですね。

- 黒板を見ながら授業に参加するのには、いったん遠くに合わせた焦点を自分の正中領域に集め、正中線をまたぐ目の動きが必要。
- 筋肉には、①身体全体の大きな筋肉が使えるようになったあと、②目を動かすなどの小さな筋肉がうまく使えるようになる、という「大↓小」の発達の法則がある。
- 左右の動きが協調できる身体ができて初めて、学習に必要な目の動きが可能になる。

発達のピラミッド

これが発達のピラミッド（↓22ページ）です。言語や学習、コミュニケーションは、「呼吸・感覚・動き」の発達の土台に支えられています。だからまず、この土台を作ろうという実践を僕はやっています。

そう。意外と指摘されていないことですが、呼吸も大事ですね。呼吸が深くできるかどうかは精神状態に影響してきます。

栗本さんもお気づきだと思いますが、呼吸がきちんとできているかどうかは、排泄やアレルギーにも関係しています。

たしかに、発達凸凹を抱えた人たちがアレルギーや排泄の問題を抱えていることは多いような気がしますが、それでも「呼吸」という生き物としてベーシックな不随意運動に困難を抱えている人がいるというのはにわかには信じられない気がします。

土台作りの課題をやり残しているがゆえに、ベーシックな動きが実はうまくいっていない人はいるのです。

発達のピラミッド

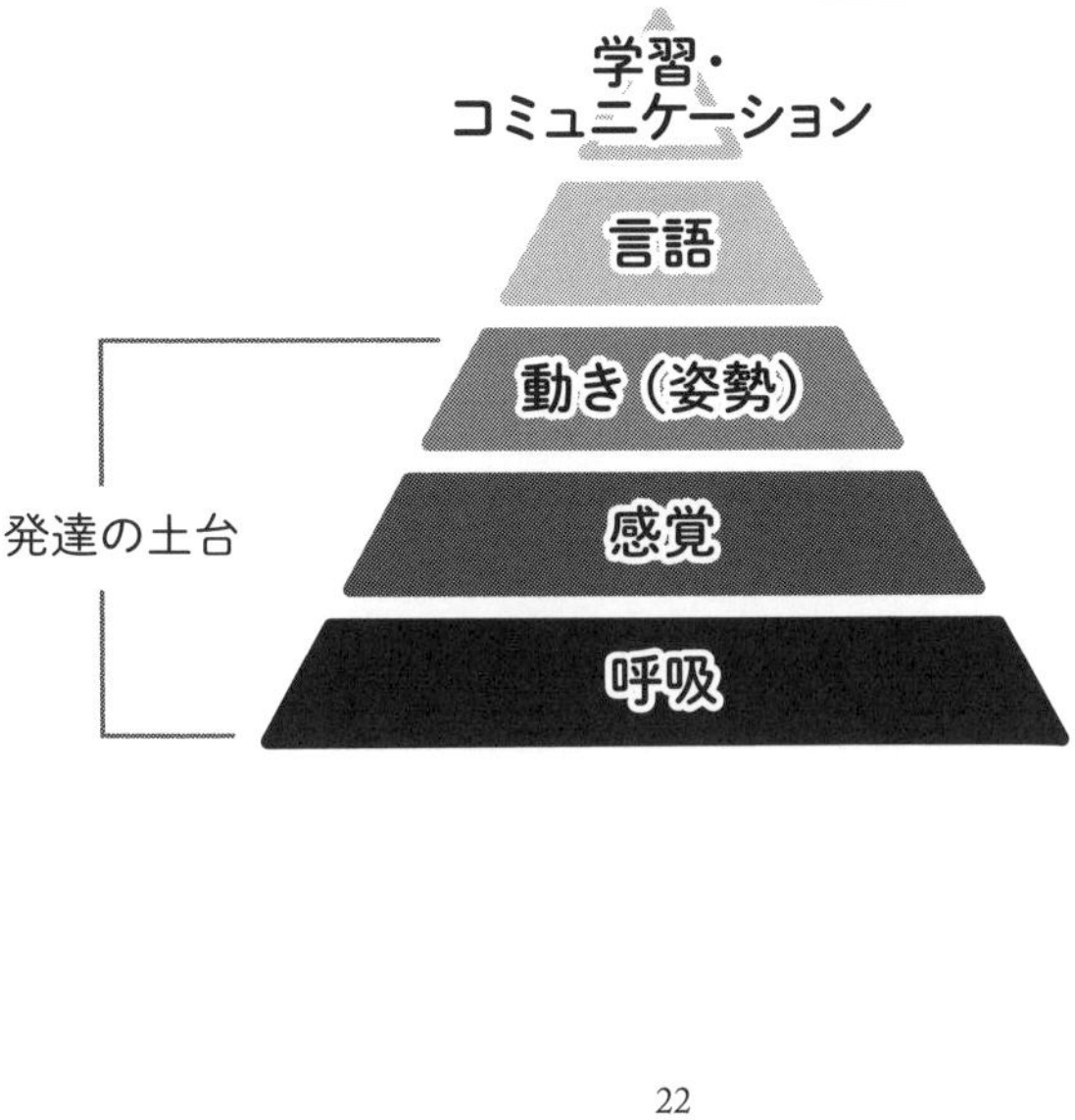

土台作りの課題とは？

胎児期・乳児期からの卒業

胎児期・乳児期の課題をやり残したまま大人になっている人もいるんです。

どういうことですか？

後ほど「原始反射」について講義しますが、胎児期・乳幼児期の課題を卒業していないがゆえにベーシックな動きの発達が未完了な人たちがいるんです。そういう人たちは、人間ならではの学習の土台を作るためにこそ、いくつになってからでもまず胎児期・乳幼児期の課題をやり終えることが役立つんです。そのためのお手伝いを僕はしています。

動きの発達の遅れは、大人になっても取り戻せる

たとえば成人の人で、一応社会生活は行ってきて、苦労したかもしれないけれど学校を卒業して、でもなんだか動きがへんてこな人に関してはどう解釈すればいいのでしょう。まさか大人になった人の中に呼吸がうまくいっていない人がいるとは考えませんでしたが、歩行の困難さには気づいていました。

たとえば『自閉っ子、こういう風にできてます！』（ニキ・リンコ＋藤家寛子＝著）の中で著者の

おひとり藤家寛子さんは、歩くときも「右、左、右、左」と言い聞かせながら歩いていると語っています。

今はもう、あの頃よりスムーズに動けているようですが、当時、歩行のような基本的な動作にそれほど意識が介在しなくてはいけないのなら、疲労しやすいのも当たり前だなと思っていたんです。ただでさえ乏しい体力をそちらに取られてしまう。

こうやって身体由来の生きづらさを抱えている成人の人もたくさんいます。もちろんその中には、身体だけではなく学習能力上の偏りを抱えている人もいます。たとえば、知的には高いけど文字が読めない・書けないというような症状を持つ学習障害の人たちもいます。

『自閉っ子、こういう風にできてます！』の歩行の話は私も大変興味深く拝見しましたが、発達という視点から見ると、あのエピソードには「感覚」と「動き」、両方の課題があります。つまり、自分の足のありかがわからないという「固有感覚」の視点と、身体の右と左を交互に自動的に動かすことが難しいという「対側性」の視点です。

対側性？

あとでご説明しましょう。学習の用意が整う最終段階は「対測性の獲得にある」ということだけここでは覚えておいてください。

まあともかく、大人でも子どもでも多かれ少なかれ「段階を抜かして発達している」ことがあるんです。発達段階を抜かしても、一応人間的な動きはできているけど、実は代償して身体を使っている。だいたいそういう人はできることとできないことの差が大きいはずです。ボールを投げるのはすごい力だけど、腕相撲は全然力が入らないとか。動きの発達のどこかが抜けていると、身体や心の動きに偏りが見られるんですね。

ああ、得意不得意の差が大きいのはあれ、ヌケなんですね。

はい、そうです。ヌケなんです。でもね、動きの発達の遅れやヌケは、いつからでも取り戻せるんです。それこそ大人になってからでも。けれども子どもの場合は、一番身近な人、ほとんどの場合はお父さんやお母さんの動きをまねて動きを発達させていきますので、親子で取り組むと効果が高いのです。だから子どものうちに手を打っておけばなおさらラクなんです。

動きの発達四段階

「どこかが抜けている」とはどういうことかわかりやすく説明するために、「動きの発達の四段階」にもついてご説明しましょう。小暮画伯、真四角を描いていただけますか。

こんな感じですかね（→26ページ）。

はい。これは身体、胴体です。そしてこの四つの丸が手足の付け根と考えてください。

そして土台の方から書きましょう。

動きの発達は、こういう四段階を踏みます。

ほほお。

あ〜、わかる！

そしてこの最終段階が「対測性の獲得」なんです。

さっき言っていらした「学習の土台」ですね。

動きの発達四段階［その一］　脊椎

そうです。ではそこに至るまでの、動きの発達四段階について説明していきましょう。
まず「脊椎」の段階の子がいます。

脊椎の段階とは？　人間の身体にはまずもれなく脊椎がありますよね。「脊椎」の段階ということは、その脊椎の使い方がよくわかってないということですか？

動きの発達が未熟な場合、頭の中に自分の脊椎がないことがあるんです。ないから、動かし方がわからない。実際に背骨はそこにあるのだけれど、頭と身体がうまくつながっていないので動かし方もわからないような状態です。僕はセッションの中でハンモックをよく使うんですが、頭の中に脊椎がない子は足や頭から乗ることがあります。

そうか、背中や腰がないから。背中がないと思っている自閉症の人はわりといますよ。

そうです。だから、当然ハンモックに乗るときも不安定です。だから見ていて危なっかしいし、途中でやめちゃう子もいます。そこで大人は手出ししないほうがいい。自然にできるようになるのを見守る姿勢が大切です。

わかるわかる。大人の人でも脊椎の段階をクリアしていない人や抜けている人がいるでしょ。

います。たくさんいます。

そういう人って物事を選べたりします？

第三の選択肢が描きにくい人が多いと思います。

やっぱり〜。

選択肢？　なんのこと？　栗本さん、心当たりがあるんですね。

あります、あります！　背骨が育っていない人は結構います。そしてそういう人は、就労したくて就労支援施設に通っていてもどんな仕事をしたらいいかアイデアがわいてこなかったりする。

ああ、第三の選択肢がないってそういうことか。たしかに、提示されたものしか選べない、「こうだといいな」がない、そういう成人の発達凸凹当事者がたくさん思い浮かびますね。

そして「選択肢が思い描けない」ことが社会での居場所がないことにつながったり、職場で気が利かない、指示待ち、等の評価につながってしまうこともあります。そういう課題を、脊椎を育てることによって改善できるということですか？

先ほど図で示したように、認知・学習機能と身体は当然つながっています。脊椎の段階をクリアしていくと、信念が育っていきます。そして集団に参加すること、主体的にかかわること、相手の状況によって引き下がること、といった「参加」と「撤退」が判断できるようになってきます。

わかります、わかります。

脊椎が上手に使えているかどうかのアセスメントはありますか。

はい。このようにバランスボールに身体を預けて、手足に力を入れずにバランスが取れるかどうかで脊椎が上手に使えているかどうかの目安になります。

そしてこうやって四つん這いになって背中を丸めたり伸ばしたりできるかどうかもやってみるといいですね。

あ、これ、成人でもできない人いますね。

いるんだ。

就活中だけど実は自分が何をやりたいかわかっていない人の中に、背中が自在に動かせない人は多いですよ。

脊椎がわかっていることは信念の土台ですから。

動きの発達四段階［その二］　脊椎

・自分の脊椎のありかを脳が把握しており、動かし方がわかる。自分の脊椎のありかがわかっていて動かせるということは、信念の土台である。

●脊椎のありかがわかるから、前後がバランスよく発達していく

脊椎を育てることは、信念を育てることであると同時に、前後のバランスを育てることでもあるんです。前にも後ろにも自由自在に身体を動かせるから、前に進めるし、引き下がれるし、立ち止まれます。身体をまっすぐ維持できるんです。ここが育っていない子は、股から後ろをのぞくようなかっこうができなかったり、ボールのキャッチが苦手だったり、縄とびするとその場でとんでいられず前に動いてしまったりします。

もっとも脊椎の前に、呼吸や感覚の問題があるんですけどね。でもまあここではまず、動きの四段階を追っていきましょう。次は相同性です。

動きの発達四段階［その二］相同性

相同性とは、左右を対称に使う身体の動きです。しゃがんだり、ジャンプしたり、両手、両足で同時に押したり引いたりというような動作ができること。これがクリアできると、適切な感情の発露やコントロールが伸びてくるようになります。またバイタリティが出てきます。

両手で押したり引いたりするような動きですね。これは感情の発露につながるんですね。たしかに天突き体操みたいなものって、感情がパーッと発散されますよね。

そして発達凸凹の子は、しばしばここを抜かしていますね。「はいはい」をしない子が多いでしょ。

よく聞きますね。

はいはいに入るには、ぱん、と両手を地面につける動きが必要でしょう。それから、ロッキングという縦揺れの動きをします。それも相同の動きの一つです。

なるほど。

だから相同を抜かしている子ははいはいに入るときの相同性を飛ばし、中には「いざる」（座ったままで進む。四つん這いにならない）ことになる子もいます。

はいはいしなかった、いざるだけだった、というお子さんのことはよく聞きます。

そして今では「はいはいしないでいきなり立つ」ことが発達の凸凹があるんじゃないかという目安になっていますよね。

はいはいしないということは、立つために必要な姿勢の筋肉をあまり使えず、相同の段階を抜かしている可能性が考えられます。そうするとその次の同側性や対側性の動きもいびつになる可能性があります。そういう子が自閉症やADHDという診断と出会うことは多いですね。子どもは自分の相同性を育てる遊びをさかんにする時期があるんですが。

●子どもは発達に必要な遊びを知っている

なるほど。相同を育てている遊びとはたとえばどんなものがありますか？

どこかから両足でぱんと飛び降りたり、両手で大きなボールを押したり投げたりしますね。僕のセッションでも、お相撲のようにひたすら押してきたりする子には、徹底的に一緒に押しあって遊びます。親御さん相手にもそういう動きをしているかもしれません。子どもがやたら遊びで押してくる時期があると思うんですけど、実は子どもというものは、そのときの自分の発達段階を本能的によく知っていて、相同性を育てている子は、自然にそういう遊びをしているんです。

わかります。

子どもというものは、そのときに必要な遊びは、絶対にやっているんです。だからその遊びをまず邪魔しないこと。発達支援コーチの初級の指導では、とにかく子どもが自然にやっている遊びを邪魔しない、一緒に楽しむ、ことを徹底して伝えます。

そして相同の段階をクリアすると「なんでもやりだす」んですね。

「なんでもやりだす」とは？

相同をクリアした子は、自分の考えで行動できるようになるから、エネルギーが出てきて、何かにチャレンジすることができるようになるんです。

つまり脊椎が育つと「自分という人間がわかる」ようになり、相同の動きができてくると、「自分の考えで前に物事を進めるバイタリティ」が出てくるんです。それがお片づけができるようになることにもつながっています。

身体的な発達が認知的な学習の土台、情緒的な発達につながっているとは、そういうことなのですね。

動きの発達四段階［その二］　相同性

・両肩、両腰など両側を同時に使うこと。これができてくると感情の発露ができるようになってバイタリティが出てくる。

動きの発達四段階［その三］ 同側性

その次の発達段階が同側性です。これは、右と左が片側ずつそれぞれ別々に使えるようになることです。そして最終的に目的地の対側にまで発達するには、片側を別々に使う段階を経るのです。

この段階にいる子はどういう遊びをしていますか？

同側を育てている子は、マグロの回遊のようにぐるぐる回る鬼ごっこしたりやたらと片足とびしてたりしていますね。

よく、くるくる回っている子はいますが、あれは同側を育てていたんだ。

発達はコップに例えればわかりやすいかもしれません。同側、すなわち片側を徹底的に動かす段階のコップが満たされていくのと同時に、次の段階の対側のコップに水がたまりだす感じです。そしてこの段階にいる子は、自然と同側を鍛える遊びをしているものです。

例えば？

片手でチャンバラ、ギャロップ（片足がずっと前のままでのスキップ）、片側寝（涅槃仏みたいなポーズ）、片足でジャンプ（けんけんのような）などをしています。片側の半身だけ使ってボール投げしていることもありますね。

キャッチボールではなく？

左右両方をまだうまく使えないので、右手と右足だけ前に出て投げているような感じです。そしてキャッチボールにも発達の段階ごとにやり方があります。キャッチボールというとお互いにボールを適度な強さで投げ合うことをイメージしますが、実際にはそこに至るまでに子どもたちは様々な一見いたずらのような「ボール遊び」を経ます。キャッチボールは名前のある遊びですが、名前のある遊び以前の名前のない遊びが大事なんですね。それこそが、発達を自分で促している遊びなんです。

なるほど。

●ボールとどう遊ぶかで見る発達段階

ボールって色々なことがわかるんですね。僕はお子さん相手のセッションのとき、ボールを何種類も転がしておいてどのボールで遊ぶかを一つのアセスメントにしているんですが、相同を育てている子は大きいボールを手に取って両腕で投げたり押したりします。そして同側を育てている段階の子は、片側の半身だけでボールを投げたりしています。

そこで正しいやり方を教えてはいけないんですね。その子は自分の発達に必要な動きをやっているんだから。

そうか。そこで覚えているのは正しいキャッチボールのやり方ではなく片側の半身を使うことなんですね。

そうです。子どもが必ずやっている「自分の成長のための動き」を止めない。これが、発達支援コーチの初級講座でまず覚えてもらうことです。

同側ができているかどうかを見分けるアセスメント方法はありますか。

反復横跳びをやってもらうといいですね。片側で止まる力があるかどうかです。同側が育っていない人は相同で腰と肩でどすんといちいち止まるしかない。身体の右側面か左側面に自分で壁が作れないので、左右への重心移動が瞬時にできず、スムーズではありません。

脊椎が信念にかかわり、相同が感情の適切な発露やバイタリティにかかわるとすると、この同側をクリアすると認知上のどういう課題をクリアできますか？

同側が育っているということは、身体の切り替えができるようになるということですから、情動や行動の面でも切り替えができるようになってきます。また、じっくり考えてから、先を見据えて動くことができるようになります。

おお、たしかに切り替えができるできないは上手下手がありますね。何か嫌なことがあったとき、さっと切り替えられる人と、そうじゃない人がいる。

そうなのです。ここの動きを飛ばして発達して、とりあえず次の対側の動きが代償的にできていても、切り替えが必要な場面で切り替えにエネルギーを要することになり、生きづらいでしょうね。

では、右ばかり、左ばかり使って自然に遊んでる子がいても矯正しないのですね。

しません。その子は今、右だけ、左だけを徹底的に育てているのだから。

発達支援コーチとしては何をするのですか？

とにかく一緒に遊びます。ポイントは「自分も」遊ぶことです。

それだけ？

一緒に楽しく遊びます。「遊ばせる」のでもなく「遊びにつきあう」のでもなく、自分も本気で遊ぶ。そうすると、なんにも矯正しなくてもしばらく経つと今度はもう片方ばかり使い始めたりします。ヒトはお互いに影響しあって発達しているので、支援者の本気の遊びは本当の動きを引き出します。そしていつの間にか次の対側の動きが出てきます。子どもは自然と自分の課題を知っているのです。

なるほど。

自分が発達していくということは基本的に快感をもたらすはずだから、子どもは自然にそういう遊びを選んでいるということですね。

動きの発達四段階［その三］　同側性

・左右片側が別々に使えるようになる段階。この発達段階をクリアすると行動や気持ちの切り替えができるようになる。

発達をもたらす遊びの目安

僕はよく○△×で例えるんです。

○＝カンタンにできること
△＝少し頑張るとできること
×＝歯が立たないこと

×はつまらないでしょ。全然できないんだから。そして○は面白くない、カンタンすぎて。楽しいのは△です。なぜなら少し難しい。けれども頑張るとできそうになる。だから好奇心が出てくるのです。自分の発達に結びついているのですから。

△の遊びを夢中になってやって、○になったら子どもは自然に遊びを変えます。そうするとある部分の×が△に昇格します。そして次の△を探す。△をやりきらないうちに次のことを与えても全体の発達にはつながりません。

そして何が今△かは子どもが知っているということですね。

はい。それに、発達に困難さを抱えている子どもたちにとってはなお一層、何かを教えてもらわずに自分でやってできるようになったという喜びも大きいでしょ。

親がマニュアルにとらわれないことが大事

私もずっと身体アプローチが発達を促すと気づいていて、本を通じて、こういう遊びや動きがいいですよ、と提案してきました。ところがまじめな親御さんほど私たちが本で提案した動きに囚われてしまって、「うちの子、どうしてもやってくれない」とか焦ったりする。そしてその子がある運動を一定期間やっていても、その発達段階をクリアしたら次の運動を自然にやってみたくなるものだと思うのですが、本に書いてあるのに（あるいは○○先生にやれと勧められたのに）もうやってくれない、と焦ったりする。

あるいは栗本さんが実践しているコンディショニングなども、まず親御さんがやってみればいいと思うのですが、親御さんは自分の身体の不調は放っておいて子どもにやらせたいと焦る。それが私たちにとって課題だったのですが、このやり方だと話早いでしょ。

早いしラクですよ。誰も無理しなくていいんです。よその子と比べなくていいし。

たとえばAさんに良かった動きが理論的にBさんに当てはまってもBさんとしてはそれが面白いと思えないことがあります。それを「何分やりましょう」とか言われても苦痛でしょ。それよりは、実際に遊んでみてその子が「はまった」動きを持って帰ってもらってやるのがいいんです。私たち発達支援コーチがやることは、一緒に遊ぶこと、観察すること、先の可能性を示すこと、です。楽しいことだからやっているんだし、それを家でもできるんですから。

発達はシャンパンタワー

なので。

発達はシャンパンタワーみたいなもの

シャンパンタワー!?

はい。あふれると次に自然に行くんです。相同を育てている段階の子は自然に大きなボールを選んで両腕で投げたり押したりしているし、それをやりきると今度は同側を育てるため、小さなボールを選んで片側を使ったボール投げをするものなのです。

そもそもボール遊びに興味のない子はいますか。

もちろん脊椎の段階にいる子はボール自体にまだ興味が持てません。前庭感覚（↓91ページ）ができあがっていなくて目がうま

発達は
シャンパン
タワー
あふれると
自然と
次のステップに
行く

く使えないと目で追えないし、持つこと自体難しい。そうしたら脊椎を育てる遊びを徹底的にやるといいんです。風船でスタートしてもいいんです。風船やボールをヘディングしてみたり。ハンモックで揺られながら風船を打ち返したり。これは結果的にビジョントレーニングにもなっています。

そうか。風船をヘディングするには自分の背骨のありかがわかっていないといけないですものね。

はい。頭は背骨の延長ですから。それにとにかく、自分の発達に結びつく遊びをしているときには顔が生き生きしています。あの顔が大事です。それをいかに邪魔しないかです。そして親御さんや支援者には、どういう顔をして遊びに取り組んでいるかを観察する力と姿勢が必要です。キャッチボールに興味を持たないときはその前の段階、相同や脊椎を育てる段階なのですから、とんだりお相撲のように押したり、そういう遊びを楽しんでいるはずです。それを徹底的にやると、やがてボールに興味を示すのです。

ボールは（あるいはトランポリンは）発達にいいってなんとか先生が言ってたのにうちの子は興味を示してくれない、とか焦ってきーっとならなくていいのですね。

・発達には段階がある。それぞれの段階に必要な遊びを子どもは自然にやっている。それを邪魔しないこと。

動きの発達四段階［その四］**対側性**

脊椎、相同、同側の三段階を経て、最後にたどりつくのが対側です。

先ほどおっしゃっていた「対測性の獲得」ですね。

はい。ここにきてやっと、人間らしい学習の土台が築かれたことになります。そして対側とは、左右がチームになって違う動きを自動的にできる状態です。自分の身体の中のXを脳が認識していて、しかも自分の真ん中も認識していて、さらに視線や四肢の動きで真ん中がまたげる状態です。

まさに最初に出た「お茶碗お箸の図」そのものですね。

はい。全部統合している状態です。

> 動きの発達四段階［その四］　対側性
> ・左右が自然とそれぞれの動きができている。
> ・正中線が把握できていて、それをまたげる。

身体はちゃんと飽きる

たとえば同側の状態にとどまっていると、身体の片側だけを使って食べることになり、お茶碗を持てません。背の高い入れ物に入ったパフェなどが出てきてもスプーンを持っている以外の手はお留守になります。よくそういう食べ方をして叱られている子がいると思います。消しゴムで文字を消そうにも、左手で抑える、右手は動かすと言った対側性の動きが難しいので、両方手が動いてしまって紙が破けたり（相同）、片手だけで消そう（同側）として紙が動いてしまう子もいます。

いますね。

叱る前に、「まだ両側が分けて使えない身体なんだ」と理解してあげて、本人がやりたい遊び、例えば徹底的に片側を使う遊びをすればいいのです。

脊椎→相同→同側→対側

という段階を経て発達してくるということは、ある段階に達していない場合、その一つ前を徹底的にやることが大事だということですね。未達成の段階を押し付けのようにトレーニングするのではなく。

そうです。だから相同まで達していて、次に対側まで発達するためには、まず片方だけを徹底的に使うんです。同側と言う回数券を使い切るんです。そうすると対側の切符が手に入ります。次の発達段階にいくと飽きてくるんですよちゃんと。

そしてこのように発達を支援するためには、親御さんの観察が大事です。変化を見られるようになること大事です。人は他者から見てもらったところがたくさん伸びるようにできているからです。

・ある段階に達していなければ、その前の段階を徹底的に遊びに取り入れる。

観察力を身につけるヒント

現代の人間は思考脳を重視しすぎているがゆえに、子どもの発達上の変化とは認知的な変化だと思っているんですよ。でも人間の動きがお魚から両生類、爬虫類、哺乳類、そしてついには二足歩行と言語活動という人間独自の動きに発達してきたように、身体が変化してこそ気持ち（情動）の変化があり、それが認知的変化に結びついていきます。そこにはつながりがあります。それがわかっていないと、「相同を卒業して同側性になった、それで何？」になってしまいます。

観察ポイントの大事なものの一つが、「子どもが自分でどういう遊びを選ぶか」なのですね。そして同側のコップが満たされて対側の段階になると、子どもは対側を使った遊びをし始めるんですね。

そうです。使えるようになって面白いから。

対側の遊び、すなわち左右別々の動きをする遊びって世の中たくさんあると思うんですけれども。たとえばスキップとか。スキップとかが発達のアセスメントに入るのは、やはり意味があったんですね。

はい。スキップも対側の動きですね。しかも、「考えなくても身体が動かせるようになる」ことで対側に達したと言えます。「右・左」と言いながら歩くのは、まだ自動運転じゃないでしょう。自動運転できないと疲れますよね。「右・左」と言いながら歩くのならまだ同側にいるかもしれません。いや、ひょっとしたらその前かも。

お魚、両生類、爬虫類、哺乳動物、人間と動きの発達の過程がありますから。人間の脳の使い方が今一つスムーズでないのならば、大脳皮質上の人間脳ばかりどうにかしようというのではなく、その進化のどこかをやり残している、飛ばしていると考えてアプローチしていけばいいんです。

たしかに私が発達障害の人の身体症状のしんどさに気づいたのも、「体温調節できない」っていうことにびっくりしたことが大きなきっかけなんです。なんだ変温動物じゃないか、と。人間は恒温動物なのに。

そうやって「飛ばして発達している」人が、人間社会の中で生きていくために、人間の動きをしているように見えても、無理に補って動いているんですね。

疲れそう。

なんで対側に達していないと学習に苦労するのか？

発達段階を飛ばしていると大人でも疲れそうですが、小学校に入るまでに対側に達していないと学習で苦労するのはなぜでしょうか？

まず脊椎をしっかり発達させ、身体の前後のバランスが上手に取れないと、椅子にまっすぐ座れません。相同が育ってないと足を床につけて座っておくことはとても難しいです。そして身体の左右を上手に使い分けられないと、黒板を見たり教科書の文字を読むのにも苦労するかもしれません。それは先ほども言ったとおり、利き目とそれに従う目がそれぞれの役割を果たして初めて黒板の字に焦点を合わせることができるからです。

そして黒板の字をノートに写すには、いったん黒板に合わせた焦点を、自分の身体の中心付近、すなわち正中線に寄せなければなりません。正中線が自然に認識できていないと、ノートに書き写すということ自体が難しいことになります。

なるほど。

そして言うまでもなく、押さえる手と書く手というように手の主役と脇役がチームになって働くので、書字は身体の左右の使い分けができて初めてできることです。

たしかに。

そして視線も手も自然に正中線をまたげないと書字はできません。8の字って大切なんですけどね。横の8の字、あるいは∞のマークを目で追うって目が正中線をまたぐことなんですよ。

そういえばそうですね。

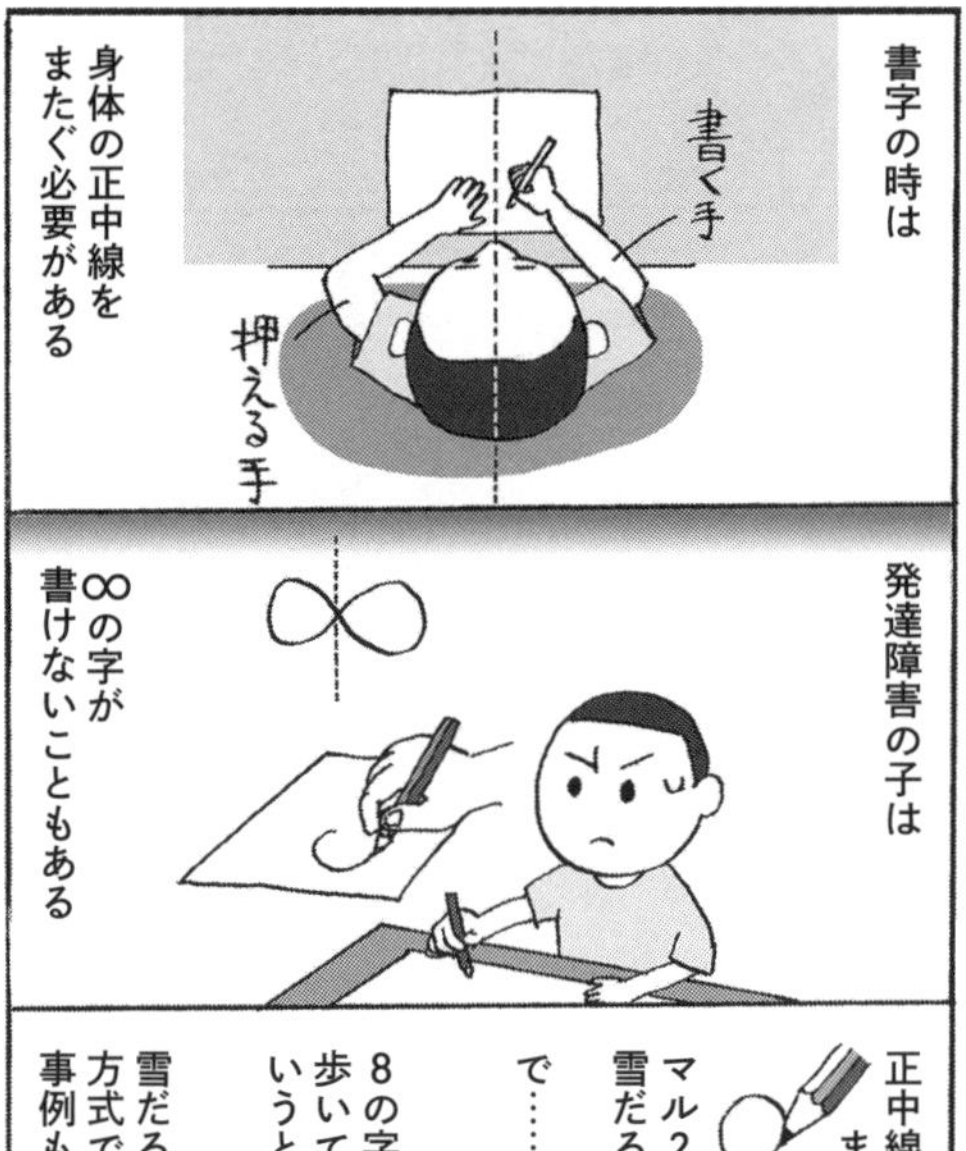

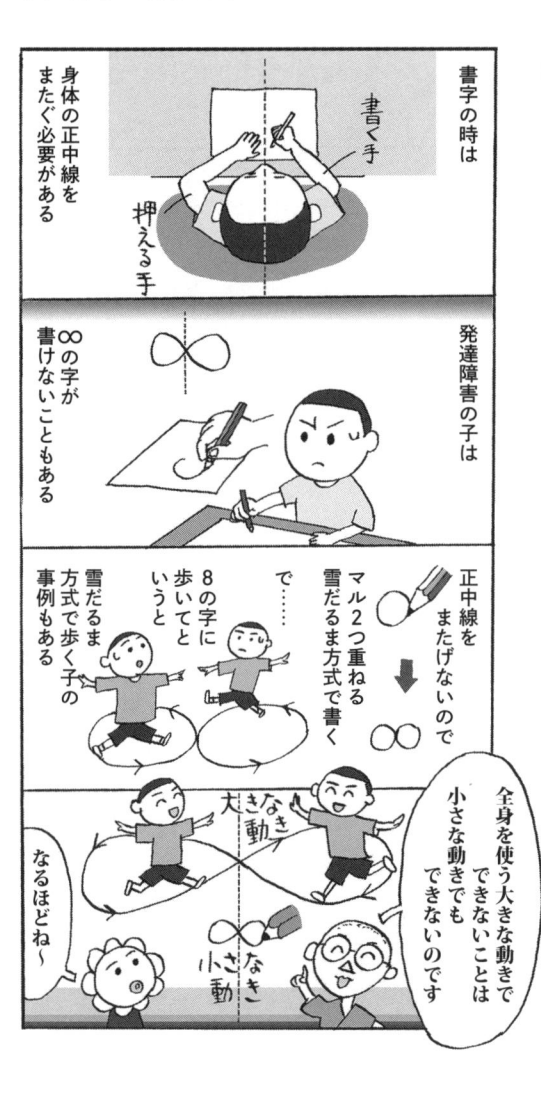

そして8の字が書けない子っているんです。

まだ正中線が脳の中に描けていないのですね。

そうです。あるいは、脳と書くための身体の動きがつながっていません。そういう子は8の字を書いて、というと雪だるま方式で丸を二つ書きます。正中線をまたげないので、そのような書き方をすることで∞に見えるように代償するんです。そしてそんなときに8の字に歩いてみてというと同じ雪だるま方式に歩くんですよ。

ほほお。

全身でできない動きは机の上で同じように書けないんです。

なるほど。

飛ばした部分は取り戻せる

でもとにかく、飛ばした部分は取り戻せるんです。どんどん人間の脳としての発達の土台を作れるんです。怪我などで後天的に脳に負った機能損失もまた再度発達できる可能性があります。

その方法はみんな知りたいと思うのですが、たとえば書字が困難な子にはどういう遊びを勧めますか？

その状態によっても変わりますが、たとえば、しばらくタオルで綱引きをやってもらったら、ずいぶん書けるようになった子がいました。綱引きはね、読字や書字にも大変良い遊びです。

なぜですか？

まず、真ん中に力を寄せます。

正中線がわかっていないとできませんね。

はい。「身体全体の大きな動きで真ん中に力を入れられること」が、「目を寄せる（真ん中に寄せられる）こと」につながっていきます。それには相同性の発達をクリアしておく必要があります。そして上手に綱を引くには、左右の手足がそれぞれの別々に動きチームとして役割を果たし、利き手とそれをサポートする手というように、身体の左右が役割分担できるようになっていなければいけません。これが脳でも起こることを分化と言うんですけどね。

なるほど。

だから綱引きを本当に上手になるとしたら、相同性は超えて、同側性と対側性も必要なんです。

相同、同側、対側とすべての段階で楽しめて、クリアしていくとともに上達していく動き。しかもタオルを使えばいつでも親子でできる遊びですね、綱引きは。

はい。綱引きだけがすべてではないですけれども、オススメ度は高いです。正中線を目がまたげないままだと、例えば教科書を読んでいても自分の正面あたりの字を読むたびに目がワープして見逃してしまい「どこ読んでたっけ」と時間がかかります。遠くと近くにピントを合わせ直すことが大変だと、本から顔を上げ、また黒板から目線を手元に戻するたびに目がすごく疲れます。そうなると本を読むことや字を写すこと自体がしんどいですから、読書は嫌いになります。

なるほど。読書嫌いだと学業上は決定的に不利ですが、どうしても読みたがらない人はそういうしんどさを抱えているのかもしれないですね。そこで「本を読みなさい！」と叱っても本人にとってはそれが実は肉体的にしんどいことなのだから苦痛でしかない、と。

だから四つの発達段階をクリアする遊びを徹底的に一緒にやって、読めるようになる動きの発達を促してあげるのが近道なんです。使えるようになった機能は使いますよ、面白いから。

まとめ

これまでの動きの発達、各段階に必要な身体軸、そしてそれが生活面にどう関係してくるかを表にしてみました。

そして下位の動きは上位の動きの土台になっている。ただ発達凸凹の方の場合にはそれを飛ばして発達して、代償的な動きをしていて、それでしんどい思いをしていることもある。でもいつでも取り戻せる、ということですね。

はい、そうです。

だったら成人の人で、「自分は進むべき道がわからないなあ」などという実感があったら、あるいは「自分で自分の感情がわからない」という実感があったら、まず脊椎を育ててみるといいですね。

はい。まずは前後に身体を動かしてみたり、バランスボールに背中を預けてみたり、あるいはヘディングしてみたり。自分の脊椎のありかと使い方を覚えるといいと思います。

この前、感情の発露がうまくできないという成人当事者の方にお会いしました。ふと思いついてその場で天突き体操をやってみたんです。二人で。動きの発達段階としては、相同ですね。そうしたら無表情だっ

動きの発達	身体軸	動きと生活面の発達の関係
対側運動	左右同時 (both sides, opposites)	オートマティックに動く、流れに沿って動く、意図に向かって思考感情感覚を統合して動く、ことが可能になる
同側運動	左右片側 (one sided, right/left)	行動を切り替える、考えるために止まる、立ち止まって先を見通してから動く、ことが可能になる
相同運動	上下 (upper / lower)	感情を表現する、自らの考えを行動に移す、組織化する（片づけ能力）ことが可能になる
脊椎運動	前後 (front and back)	信念、集団になじむための安心感を手に入れる、参加と撤退（自ら参加すると引き下がる）、注意力（状況背景と集中のバランスを保つ）が育つ

たその方から笑みが出てきました。このようにトレーニングとも言えないほどのちょっとした身体の動きで気分って変わっていくんだな、と改めて実感しました。

精神科医の神田橋條治先生にも、「不安を感じている人のための内部感覚を育てる動き」を教えていただいたことがあります。やはりとても簡単で、その場でできるものなんです。内部感覚が育つと不安は消えていく、と先生に教えていただきました。身体アプローチをずっと追ってきた者としては当然の感覚なんですけど、なぜ身体からの発達促進にそれほどの効果があるのか私たちはまだあまりうまく説明できていないのかもしれません。

理論は後からついてくるんではないかと思います。実際に子どもたちは変わっていくので。

それはそうなんですけど、やはり説明は必要だと思うんです。私はこういう図を作りました。発達凸凹の人たちは人間の脳以前のところにバグがあるので、そこへのアプローチが効果を見せているのではないかと。

脳の三層構造

これでかなり納得してくださる方は増えました。だから納得してくれる人をもっと増やすために、実際に身体を使った遊びで発達支援をし、そういう実践家を育てている灰谷さんのお立場からも、「なぜ身体アプローチは発達の近道なのか」を説明していただけたらうれしいですね。

わかりました。では次章ではそれをご説明しましょう。この表を見てください。

僕たちの発達における目標は、あくまで人間の脳まで育つことです。さらにいえば、自分が持って生まれた個性や役割を表現すること、他者に貢献することで喜びを感じられる大人になることも目指したい目標です。そしてそのような働きにかかわる上位の脳は下位の脳の土台の上に成り立つので、下位をしっかり育てることが必要なのです。

なるほど。そして世にある療育の多く

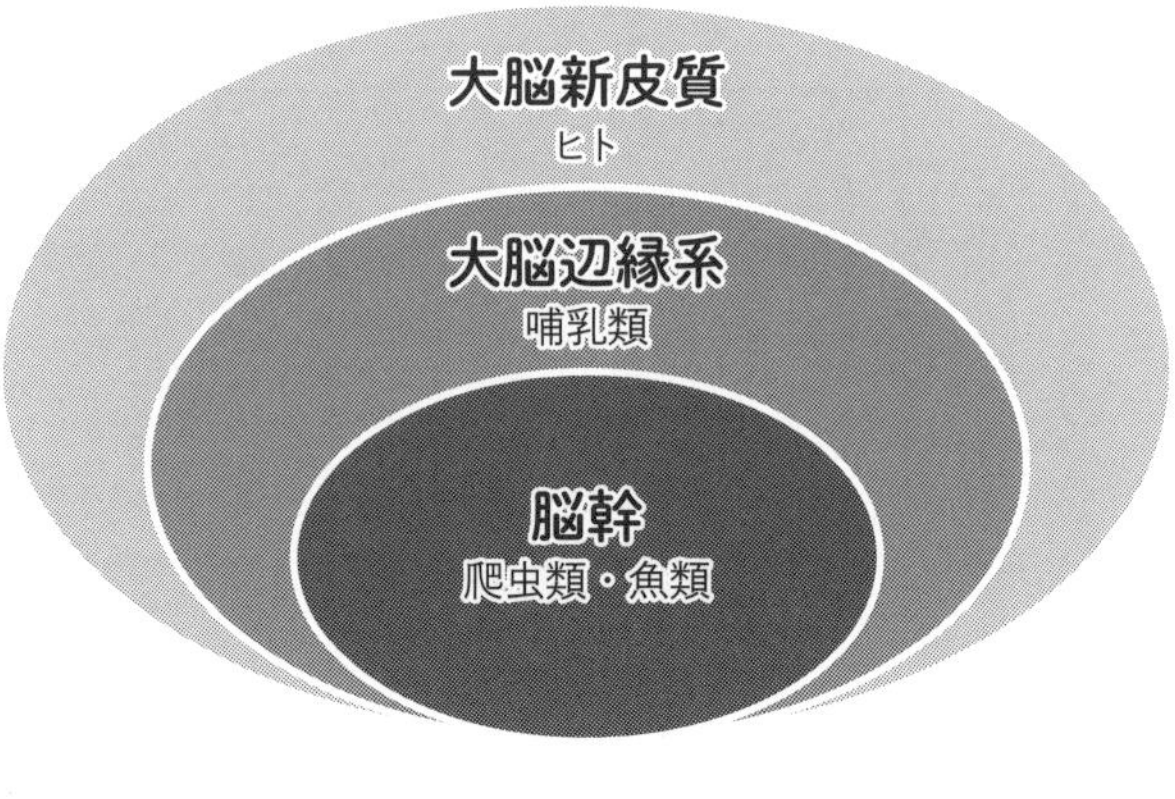

が、この一番てっぺんにしか働きかけてない。いわば、土台作りをしていない。そして発達障害は打つ手がないことになっていると思うのですよね。その状況がもったいないんです。

そして僕たちのように身体からの働きかけをしている支援者に対するありがちな誤解は、この土台だけを育てていると思われていることなんです。

ああ、そうかもしれません。

でも僕たちが目指しているのは「人間脳」を育てることなんです。

人間脳とは？

社会の中でより良い未来のために私は何ができるか？　を考えることができる脳で、人間だけに与えられた脳の働きです。そして自分自身の想いやアイデアを、身体を使って表現し実現できるようになることです。次の講座で、そのあたりをご説明していきましょう。

第二講座

シンポジウム

なぜ身体アプローチが人間脳を育てるのか&支援する側の土台づくり

シンポジスト

灰谷孝

浅見淳子

栗本啓司

［第一部］なぜ身体アプローチに効果があるのか？

なぜ身体アプローチは治すのか？　なのになぜ怪しがられるのか？

私が身体アプローチを追求することになったのは、もとはと言えば、自閉圏の人の身体感覚・動きの不便さに気づいたとき、「別に自閉症が治らなくてもいいけど、せめてここだけラクになるといいんじゃないのかな」と思って「不便な身体をちょっとでもラクにする方法」を探し始めたのがきっかけなんですね。

それでまず感覚統合的なアプローチに出会いました。

そして障害児スポーツ的な実践に出会いました。

やがて栗本さんの実践する「コンディショニング」に出会い、

・自閉症の人には関節や内臓にまで不調な理由となる「一次特性」がたしかにある。
・それが睡眠や排泄、情緒面での困難に結びついている。
・けれどもそれは改善できる。

ことを知りました。

そうやって様々なアプローチに巡り合ううちに、今回は灰谷さんの「動きの発達」に出会ったわけです。動きが段階を踏んで発達していって、しかもそれが脳、情緒の発達に結びつくというのがとっても腑に落ちました。これまでの著者の方々から提供していただいた知見を踏まえても、クリアカットな実践方法が見つかったなあというのが実感です。

かれこれ十年身体アプローチを追ってきて、その間に神田橋條治先生との出会いなどもあり、身体感覚を呼び覚ますことで難治性の精神症状と判断される人たちが治っていってしまうのも知ることになりました。

まあとにかく、現実的に治ってしまっているわけです、身体アプローチに取り組んだ人は。ところがここで「検証がない」とか「何をもって治ったというのか」とか突っ込みが入る。怪しがられる。そういう十余年を送ってきました。そして率直に言って、なんだか怪しがられるのは灰谷さんも同じだと思います。

はい。理解していただくためにもっと研究や伝える工夫が必要だと思っています。

そうですね。どれだけ説明しても拒絶的な対応には遭遇するかもしれませんが、現実として多くの読者の方から「助かりました」という感謝の声が寄せられているのは否定しようのない事実なので、できるだけ「治っていく」仲間を増やすために説明の種類を増やしたいと思います。

私としては今「治った」定義の一つを「その特性が自分にとってもその人を愛する周りの人にとっても迷惑ではないこと」にしているんですが、こういう定義で言う「治った状態」

はそもそも数値化できない。よって検証のしようもない。そしていつまでも怪しがられる。けど治っている人は「治ったとしかいいようがない」という実感を持っているし、もう治っていてハッピーだから、それを検証してほしいとも思っていない。そして私たちはやはり治る人が増えてほしい気持ちでそれぞれの仕事を頑張っている。誰も検証しない。そして治る人が増え、それを見てさらに怪しがる人が増える。

　こうやってずっと身体アプローチを怪しがる人と「効果があった！」と喜んでいる人の溝が埋まらないわけです。

　発達障害が治るかどうかとか、それにどういうアプローチが有効かとか、それは本当に個々人が自分なりに吟味し、結論を出し、そしてまた試行錯誤し……という繰り返しを重ねて、進むべき道を選べばいいことだと基本的には思うんですけど、一応身体アプローチの効果を見てきてしまった私たちがこの章で、なにゆえ身体からのアプローチが「身体を丈夫にする」だけではなく「コミュニケーション、社会性を含めた人間脳の土台作りにつながる」のか、説得の材料を増やそうと思います。

　というわけで、これまでの実践で「治っている人を増やし、かつ怪しがられている」実践家のお二人に、身体アプローチは効果あるんですよ、と読者の皆さんを説得する材料を提供していただきたいと思います。

はい。

コミュニケーション力を身体から養う

まず最初に、僭越ながら私が材料を一つ提供しようと思います。最近私がある雑誌に寄稿した文章を転載します。読者は幼稚園・保育園などの園児を持つ親御さんです。そこに私は「親子遊びで養うコミュニケーション力」という一文を寄稿しました。身体を使ってコミュニケーション力を養うアプローチは、私が追いかけているテーマの一つです。

親子遊びで養うコミュニケーション力

今は就学前の子どもたちもやがて進学し、いくつかの学校を経て社会人になります。

社会人になったら（いや、その手前でも）

一　自分の主張すべきことは主張する

二　譲るところは譲る

ことが必要です。この二つは人々の間で自分がないがしろにされずしかも円満にやっていくために重要な能力です。

けれどもこうした能力は大人になっていきなり芽生えるわけではありません。小さいころからの周囲とのやりとりでだんだん覚えていくものです。

おもちゃの奪い合いや譲り合い、もその練習でしょう。でもそれよりもっと手前、子どもは身体を使った遊びでこういう人とのかかわりを覚えていきます。

人間の高度に発達した脳の下には、人間がより原始的な生物と共有している生命維持のための脳があります。

そして人としての発達は、動物としての発達という土台に上に築かれます。この土台に働きかけるのは、身体の各部位から送られてくる身体への刺激です。だからこそ、幼いころ身体をよく動かす機会を設けることは大切なことなのです。

まず身体の感覚（体性感覚と言います）の入力があり、その刺激が間脳（動物の脳と人間の脳の中間地点にある脳）に送られます。

そしてそれがより高次の、人間らしい活動をする脳（大脳）に送られます。

脳の話は難しいなあ、と思われるかもしれませんから、具体的にどんな遊びをしたらいいか絵にしてみました。

親子で向き合って、立つところを決めて、そこから動かないように両腕で押しあう押し相撲。時間があるときなど、ごく自然にこういう遊びをしているおうちもあるかもしれません。

一　まず立つ位置を決め
二　両腕で押し合い
三　足の位置が動いた方が負け

という単純な遊びです。

押したり引いたり。

ときには押すふりをして引いてみたり。

これって実は大人になって社会に出て出会う人間関係そのものなのです。

子どものころを思い出すと、親が自然にこういう遊びの相手をしてくれたことを思い出します。

今の時代はお金を出して遊ぶ場所、高価で高性能で、だからこそ子どもを夢中にさせる遊びに事欠きません。

ついついテーマパークに連れていったり、高価なゲーム機を与えるのが愛情だと親子ともに思ってしまいがちではありますが、実は大人になったときに役立つのは身体を使った「名もなき遊び」なのです。

いつでもどこでもできる親子遊び。

ぜひ大切にしてくださいね。


（「おんかん」１１４号より／楽院出版発行）

 わかりやすいですね。

 大人になった私たちは、社会人活動をしていく途上で、自分の考えを主張したり、他人の考えを聞き入れたりしながら社会生活を営んでいきます。こういう本を出して自分の考えを世に問うこともあれば、ときには誰かの意見を採り入れて自分の考えを修正したり、そういう機会に毎日巡り合うわけです。でも子どもの生活にはそういう機会は多くない。じゃあどこでそういう「社会性の基礎」を養っているかというと、身体を使ったやりとりだと思ったんです。だから、特別な療育を受けに行かなくても、子どもが集まったり親子で過ごすとき、こういう遊びが自然に発生することこそが発達支援になっているんだなあ、と思ってこの記事を書きました。

・コミュニケーションの土台は、身体を使ったやり取りにある。

私の説明はこんな感じです。では次は「なんで身体からのアプローチが大切か」、灰谷さんのお立場から説明をお願いします。

脳の発達でコミュニケーションが高次化していく

はい。僕は最近、こういう図を使っています。

まずより原始的な生物と人間が共有している脳幹があって、人間らしい判断や思考をする大脳新皮質と脳幹の間にそれをつなぐ大脳辺縁系があります。そして脳は、下から上に育ちます。下を土台にして、上に育っていくのです。

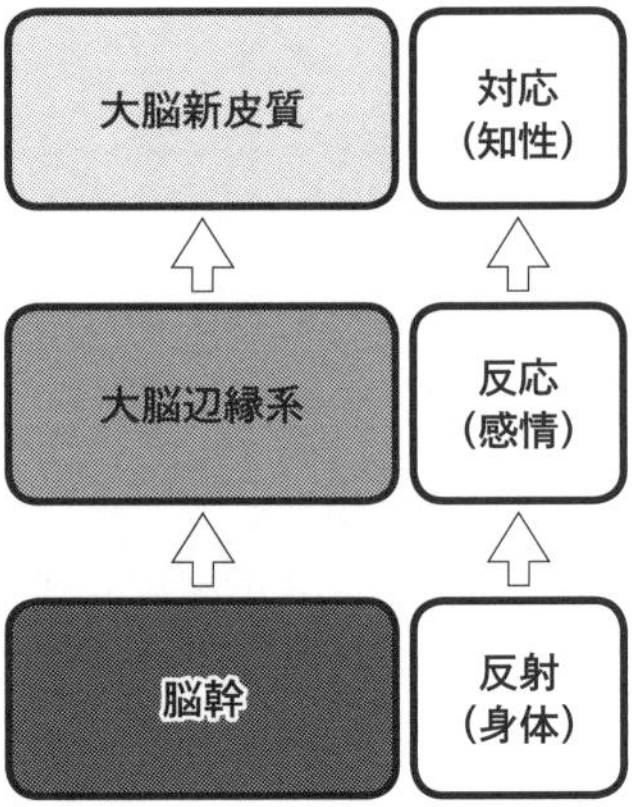

長沼睦雄先生の『活かそう！　発達障害脳』でも胎内の脳の発生の順番をこう説明されました。

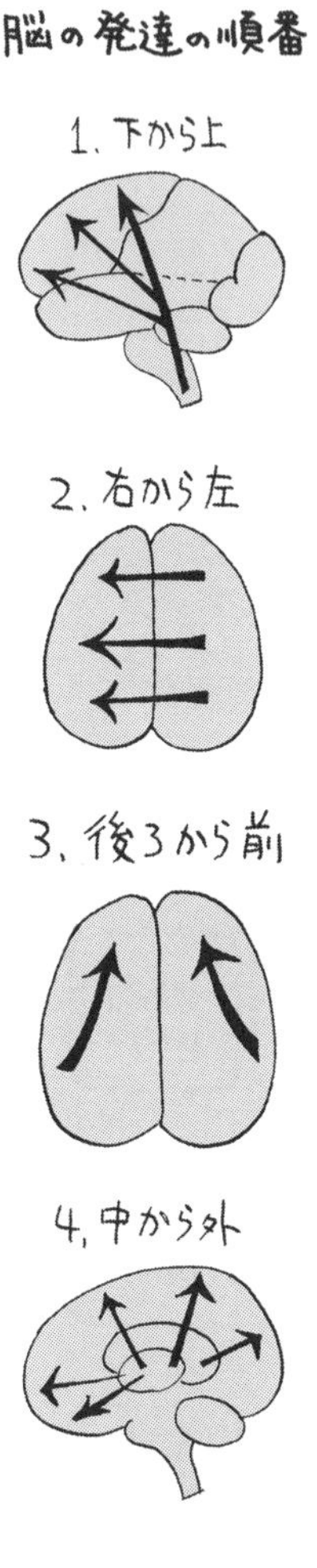
脳の発達の順番
1. 下から上
2. 右から左
3. 後ろから前
4. 中から外

そしてコミュニケーションも脳の発達とともに高次化していきます。

まず、脳幹で行われるコミュニケーションとは「反射」です。たとえば脳幹が脳の大部分を占めている爬虫類のワニの口は、何かが触れたら閉じますね。「何が触れたか」ということはあまり関係なくて、「触れたら閉じる」。それは反射です。人間の場合にも、コミュニケーションが高次化していないとそういう反射的な態度を取ることがあります。

・コミュニケーションの原初的なかたちは「反射」である。脳幹で行われている。

最近学校で、先生にプリントを差し出されると「ありがとう」も言わずに奪うようにさっと取る子が増えていると言われています。衝動性が高いと言われる方がいますけれど、衝動性ってすなわち、「反射的なコミュニケーション様式」です。目に入ったらパッと手が出てしまうようなのも反射です。小学校に入ってもコミュニケーションに使われる脳が脳幹にとどまっているとそうなるだろうと思われます。

コミュニケーションが高次化していない。つまり、先生にプリントを渡されてもワニが口を閉じるように反射でしか動いていないということですね。それが「衝動性」と名付けられているのかもしれませんね

そうですね。反射段階では「思考」も「感情」も入る余地がありませんから、普段から反射的に動いてしまう本人には全く悪気がなくて、むしろそうしてしまったことを後悔し、自分を責めています。

そしてコミュニケーションが一段高次化して辺縁系になると、「反応」になります。奪い取るようにではなく、来たから取る。来たことに反応して受け取る。「奪う」のではなく「受け取れる」ようになります。欲しいから受け取る、欲しくないから受け取らない、

というような「快か不快か」の反応です。

・コミュニケーションが大脳辺縁系（動物脳と人間脳の間）まで発達してくると「反応」になる。

なるほど。

でも目指したいのは次の段階、「対応」なんですよね。先生に「ありがとうございます」と感謝を示しながら、また「私がみんなの分を配りましょうか？」と相手の状況を察しながら「対応」して受け取れることです。

・人間らしいコミュニケーションは「対応」。大脳新皮質で行うコミュニケーション。

そしてそのためには、脳の発達も、脳幹↓大脳辺縁系↓大脳新皮質　と下から上へと積み上がっていく必要があります。発達段階が下の脳幹で止まっていたら、視覚的、触覚的な刺激だけで考える暇なく手が出てしまいます。

脳幹の段階をしっかり卒業すると、より人間らしくより社会的な態度をとれるようになってくるんです。そしてやがて脳幹から大脳辺縁系を通って大脳新皮質や前頭前皮質までつながりができてくると、すなわち「対応」になると、「ありがとうございます」と心から感謝の気持ちを持つことができるようになるんです。

・「反射→反応→対応」とコミュニケーションをより高次の（人間的な）ものに高めていくためには脳も下位から上位へと育てあげていくことが大事。

先ほどの脳の三段階を、機能の視点からまとめてみましょう。

【大脳新皮質】うまく、より良く生きる脳
　理論、直感、思いやり、共感、未来予測
【辺縁系】たくましく生きる脳　快か不快か
【脳幹】生き延びる脳　生存（3F＝闘争、逃避、凍結）

人間社会の中での生存には、どれも必要ですね。
そうです、どれも必要です。けれども人間らしく暮らすには、下から積み上げていって、大脳新皮質を使えるところにまで、「身体から育ち上がる」というプロセスをたどります。それを手助けすることが私たち発達支援コーチの目標なんです。

わかりました。脳が土台から育つことの重要性はわかりました。

診断名より大事なのは、土台ができているかどうか

発達障害のお子さんを見て、「自閉症スペクトラムだ」、「ADHDだ」、「その両方だ」と分けることに僕はもともと興味がないんです。

どっちみち「自閉だ」にしろ「ADHDだ」にしろ診断が粗すぎるから治療法が見つかっていないという面があると思います。

それより発達支援の仕事をしていて、たくさんの子どもと会わせていただく中で、脳という観点からみたときに、

一　脳幹など下位の脳で（神経）発達が止まっている。
二　脳幹→辺縁系→新皮質と育っているが、その中でつながりがうまくいってないところがある。

というこの二つの状態があると思っています。わかりやすくするためにちょっと大げさに

分けていますが、実際には脳幹だけしか働いていないということはないんですけどね。

家で例えると

一　基礎工事がうまく進まず、家の建つのが極端に遅い。
二　家は建ったが、工事のヌケ・漏れが多い。

という二つの状態像が考えられます。一と二では、様子も全く違います。そもそもの原因も違うでしょうし、どのようにその脳へかかわれば適切かも変わってくるでしょう。脳の中で起こっていることも全然違うかもしれません。そして、その人が持っている能力や個性の活かし方も変わってくるかもしれません。そんな仮説を立てています。

それをひとくくりに、がさっと「発達障害カテゴリー」にしてしまうことがかなり乱暴な行為でやっつけ仕事じゃないのかな、という問題意識をいつも持っています。

ちなみに私自身も、発達検査（ＷＡＩＳ－Ⅳ）を受けましたが、かなり凸凹が大きかったです。高校生になって急に学習についていけなくなったり、人づきあいが苦手で苦労した理由がよくわかりました。

診断が粗すぎる、あるいは診断カテゴリーに実用性が欠けている、という問題意識は、多くの方が共有しておられると思います。だからこそ発達をどう促すかを考えるとき、観察が大事だし、カスタマイズが大事なんですよね。マニュアル対応ではなく。

例えば重度の自閉症という診断を持つお子さんなどは

一　基礎工事がうまく進まず、家の建つのが極端に遅い。

にあてはまるでしょう。だとすると小学生くらいの子でも遊びや発話の面で一歳くらいの子どもと同じような感じだと考えます。

二　家は建ったが、工事のヌケ・漏れが多い。

の方のお子さんは、できることとできないこと、得意なことと得意でないことの差が大きいのが特徴です。

僕は、特に二の方を「発達障害」カテゴリにいれて、対応しようとしていることに大きな違和感があるのです。しかも薬をのまされていることもあるでしょう。

灰谷さんのお考えでは、身体アプローチで十分、情緒も安定し学習の土台を作ることのできる人たちが「発達障害」と認定され、副作用覚悟で薬を処方されているという印象があるのですね。

一　基礎工事がうまく進まず、家の建つのが極端に遅い。
二　家は建ったが、工事のヌケ・漏れが多い。
という状態像の違いがある。適切な対処方法はそれによって違ってくるはず。

「発達支援」がうまくいくための脳を支援側が養うためには

ちょっといいですか。目の前の子をよく観察して、発達支援をその子に合ったものにカスタマイズしていくことは絶対に必要なことなんですが、支援者や親御さんの身体がそもそもラクじゃないと、そこに使えるはずのカンが鈍ってくると思うんです。

今のその子に何が必要か「察する力」があるかないかは、支援する側の身体の状態が反映されるのですね。

そしてそれには、支援する側の生き物としての本能が機能する状態になっている必要があるんです。

そうですね。栗本さんのご著書などを参考にして、親御さんが忙しい生活の中でもひとときほっとする時間を上手に作ってくださるのはいいことですよね。

ところが現実には、それがなかなか難しい方もいるようです。神田橋條治先生は「『気持ちいい』を大切に」とつねづねおっしゃいますが、読者の方からよく、「『気持ちいい』

がどういうことかわからない」と言われてびっくりすることがあります。「親御さんや支援者の方たちの身体がラクじゃないと子どもはラクにならない」、と栗本さんはよくおっしゃいますが、そこが難しいみたいなのですね。

もちろん、そのあたりが上手な方もたくさんいらっしゃいます。私は「身体が賢い」と表現しています。そして、身体が賢いって「病気をしないこと」とは必ずしも重なっていないみたいなんですよね。病気がちでも持病があっても身体が賢くて、その結果として支援者として優れている方、子育ての本能が遺憾なく発揮されている方もいますね。『支援者なくとも、自閉っ子は育つ』の著者こよりさんなどがそうですね。持病はあるけど、身体は賢い。いつも、どういうことなんだろう、親がどういう身体になると本能が発揮できるんだろう、と不思議に思っているんですが。

浅見さんの言う「身体が賢くて本能が発揮できる人」というのは「自分の身体感覚

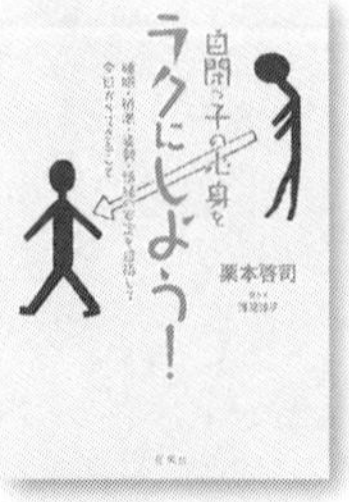

『自閉っ子の心身をラクにしよう!』

『芋づる式に治そう!』

『支援者なくとも、自閉っ子は育つ』

に素直」な人ですよね。たとえばどこか痛いところがあったとしても、それに抵抗しない。「ああ、痛いなあ」と素直に感じている。そこで「もっと痛くなるのではないか」とか不安を持ってしまうとそこから先は頭の作業に入ってしまいます。でも「ああ痛いな～」と痛みを味わっているだけなら身体の作業です。そうやって自分の身体に素直な人は身体が賢いですね。

 ああなるほど。どうやって「気持ちいい」がわかるようになるのかよく質問されますが、すごく単純なことからでいいから「自分の感覚で心地よいものを選ぶ」ところから始めればいいんじゃないかなあ、といつも思っています。

たとえば食品を選ぶのでも、スーパーに行って山積みになっているパプリカから好きなのを選ぶとか、賞味期限切れていても大丈夫なものは大丈夫だとか、逆に他の人には効果のあったサプリメントでもどうも自分には合わないだろうとか、何か食べたら美味しいとか、運動したらすっとして気持ちいいとか、良く寝てめざめた朝は気分爽快とか、そういう「(他人にとってはともかく)自分にはどうなのか」を素直に感じるところから「賢い身体づくり」を始められるんじゃないかなあ、と思っています。でも皆さん、なんかもっと特別なことをしないと身体づくりができないという誤解があるのかもしれません。

 そして、親御さんや支援する方が気づける状態、すなわち「身体を賢く」しておかないと「バランスボール何回やればいいんですか?」みたいにマニュアル頼みになってしまうんです。

なるほどそうですね。

たとえばバランスボール一つとっても、何分したらいいのかとか何回やったらいいのかとかよくきかれます。でもそういう問題じゃないです。なぜなら、一人ひとりに独自の発達のペースがあるからです。なのにどうしても「何分やったらいい」とか「何回やったらいい」という「正解」があるんだと思ってしまう。そう思ってしまうほど、現代はマニュアルに頼ったり、効率を重視しすぎる思考脳にからめとられている時代だと思うんです。

なるほど。現代の生活全般も本当に頭でっかちだし、療育の世界を見ても、上位の脳だけに働きかける療育方法が多いですよね。「動物の脳から人間の脳に積み上げていく」という意識で行われている療育は少ない。だから土台ができなくて、はかばかしい効果が上がらなくて、その結果発達に凸凹がある人たちの未来に見積もられている可能性と用意されている選択肢が狭いものになっている現状をなんとかしたい。それで土台から作れる身体アプローチを一生懸命広めているんですけどね。

・親や支援者の身体がラクでないからこそ、マニュアルに頼る気持ちが出てくる→マニュアルでは効果が出ない→失望を募らせていく。
この悪循環を避けるためには「察する力」をまず養おう。

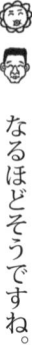

良い支援をするためにこそ、「わがままになる練習」をしてみる

だから僕は、発達支援コーチの養成講座で「わがままになる練習」を採り入れているんです。

わがままになる練習？

良い支援ができるようになるためにも、わがままになる練習をしなくてはいけません。

たとえばどういうのがあるんですか？

二人一組になって、一人が横になって、もう一人が仙骨のあたりに触れます。どのくらいの強さでどのくらいの長さ押してほしいか、自分の身体に聞いて確かめる練習です。ところが講座でこれを実践してみると、どこが「正しい」仙骨の場所か、どれくらいの強さでどれくらいの時間が「正しい」のかという質問が必ず出てくるんです。

まず「正解」を知りたがるのですね。「正解」を知ることが生きやすさにつながるという誤学習を今の世の中で人々は共有しているから。

はい。「どうしてもらうのが気持ちいいかわかりません」なんて言われたりします。でも身体は本当はわかっているんですよ。どれが自分にとって気持ちいいかは本当はわかっている。でもそこにアクセスしにくいんです。思考脳が強すぎると。もしくは、普段

から感覚を使わずに思考ばかりだと、「心地いい」「好き」というのがつかめなくて、「どれが効果があるんだろう」なんて「考えて」しまいます。でも実際には自分の身体が全て答えを知っているので、自分の感覚に「わがまま」になってもらう練習をします。

なるほど。

どうしても思考で正解を求めてしまう動きを一個ずつ外していくんです。なぜなら子どもたちの身体にも同じことが起きているから。僕たちは知性を育てたいんです。あくまでも最終的には知性を育てたい。

そこで言う知性とは？

「本当に人らしい自由」のことだと思います。そして知性が育った状態とは「自分で自分と地球の未来を選べる」っていうことです。進路とかを自分で選べる。自分やまわりの人が良くなっていくために、自分は今何をしなければいけないかを自分で選べる。

でも、選ぶときに機能するのは「思考」だと、普通はそう考えます。

思考で選べるようになるためにはまず、ある物事が心地いいか心地よくないか自分の身体で判断できなければいけない。自分の身体が心地よいか、心地よくないのか。その選択ができないのに、仕事や未来などの目に見えないようなことの概念的な選択なんてできないんです。関係性も含めて。

まず最初に自分の感覚を知ること。それができるようになってから「私はあの学校に行きたい」「今自分がやるべきことの優先順位は○○」という選択ができるようになる。

そのためには親御さんが自分の身体を知ってくださることが大事だな、といつも思います。

最終的に、子どもが「自分で選べる」人になるために。自分に心地よい物事や関係性を。そのためにこそ親が選べる身体を持っていなくてはいけない。

そうそうそう。

子どもには身体アプローチをやらせたい。でも自分の「気持ちいい」はほったらかし、ではダメなんですね。自分も選択し、実行できる人になる必要があるのですね。

親は子どもにとって最も影響の大きな「環境」ですから。子どもは親の身体の使い方や感覚を無意識で真似して人生を学習していきます。

・「察する力」の育て方↓人を支援する立場だからこそ、いったん思考をはずして、自分の快不快を知る。

選ぶ力を育てる

今日は何を食べたいか。今日は自分の身体、どこを押したら気持ちいいのか。そこが育っていないと支援はうまくいかないですね。何が大事か選べないから。選ぶってもともとは感情を選ぶことだから。何をしたいかという感情を選ぶ練習はとても大事です。

それにはまず、自分の身体の快不快を知ることなんですね。選択する力とは感情を選ぶことだからこそ、身体の快不快も知らないといけない。そこが育って初めて、思考による選択が「外れない」ものになるのかもしれませんね。栗本さんのおっしゃる、子育てに対するカンが働く状態になるのかもしれませんね。

そして療育をカスタマイズするには、観察と選択が大事だから、支援者や親が「選べない」「選んでも実行に移せない」人で居続けるわけにはいきませんね。観察し、選択し、自分の選択に対して腹をくくる。そういう積み重ねで子どもは育っていくんですね。そのためには大人も、土台から積み上げていく必要があるのですね。

・支援する側が「察すること」「選択すること」ができる身体を作ることが大事。

上位脳だけ操作してもどうにもならないのが子ども

僕は過去にブレインジム（教育キネシオロジー）という学習障害を持つお子さんのためのエクササイズを勉強して、たくさんの子どもたちにセッションさせてもらって確信したんです。大人だと上位脳だけに働きかけても、まだなんとかなる場合もあると思います。

ならない人もいますけどね。だから医療につながっても治らない精神疾患の人が多いです。そしてそういう人が身体アプローチを採り入れると劇的に変わっていくのは、下位の脳の育ちのヌケや漏れが整うからじゃないでしょうか。

子どもはもっとなんともならないんです、上位脳だけでなんとかしようとしても。そして「やっぱりしつけじゃない？」みたいな結論になる。違うんです。断じてしつけの問題じゃなく、下から積み上がっていないだけ。下から積み上がっていなくて、そのためにある部分が整ってないまま無理が生じて、身体を壊したり心を壊したりしているんですよ。そういう人が増えています。子どもたちを見ているとわかります。子どもたちとたくさん会わせてもらったのが最大の勉強でした。

でも考えてみれば、子どもって大した社会生活があるわけではないから、後に社会生活が始まったときの基礎作りは、身体を使った遊びしかないですね。

子どもの社会生活って、それはそれで色々あると思うんですけれど、実際に身体を使った遊びを通して社会性を育てていると思います。むしろ遊びを通してしか育たないようなところもあるかもしれません。大人から見たら「なんでそんなアホなことが楽しいの（笑）」というようなことの方が、その子の発達には重要なことを含んでいたりします。例えば僕にずっとカンチョーしてくる子がいますけれども、カンチョーにも、したくなる身体的な理由がちゃんとあります（笑）。キャッチボールのやり方を見たら、その子のコミュニケーションの発達レベルがわかります。上手にキャッチボールをできるようになることは、スポーツの観点から見たら大切でしょうけれども、発達の観点から見るとできるようになること以前にその子が「キャッチボールの何を楽しいと思っているか（何は楽しいと思わないか）」ということに発達のヒントが詰まっています。

神田橋先生がよく「無駄なことをやらんと、ダメな人になる」っておっしゃっていますけど、灰谷さんと出会ってその意味がしみじみとわかりました。一見無駄な遊びに見えたことが、魚類から両生類、爬虫類、哺乳類の脳を積み上げて、人間脳の土台を養っていたんだ、と。

・子どもだからこそ、下位の脳から積み上げていく必要がある。ここができていないと、しつけや学習が入っていかない。

ではなぜ体性感覚から入るのか？

思考脳にからめとられていると、大脳だけを発達させるとなんとかなるように思えるのかもしれません。そうすると脳幹から積み上げている支援を見ても、何をやっているかわからないかもしれない。

それで大脳だけに働きかけるアプローチだけやって、効果がはかばかしくなくて、「発達障害は治らない」ことになっているのは本当にもったいないなあ。

だからもったいなさを少しでも解消するためにも、私たちの側からも、もっと説明が必要だと思います。

脳を土台から育てることの大切さ、そしてそれが人間らしい脳の育ちにつながっていくことはわかりました。これはここまでの説明で、多くの読者の方が納得するんじゃないかと思います。でもなぜそれが体性感覚への刺激によって、つまり身体を動かすことによって可能なのか。そこをもう少し説明してみませんか？

体性感覚↓視床↓感覚野と刺激が伝わっていくルートがあることを説明すると、身体アプローチで芋づる式によくなることの理解が深まりますね。

脳幹網様体から視床、大脳へと通じる経路のことですね。そのルートのことを知ると、感覚刺激の入力と統合の仕組みに関して理解が進むと思います。

体性感覚が入る↓間脳（視床）に送られる↓感覚野（大脳）に送られるというルートがあるということはすでにわかっているわけですね。

私は『進化しすぎた脳』（池谷裕二＝著／講談社ブルーバックス）を読んだとき、イルカの脳は人間より大きいし高性能だけど、イルカは体形がつるんとしているし手も指もない。体性感覚からの入力が人間ほど細かくないので「体がヒトほど優れていないがゆえに、イルカの脳は十分に使い込まれていない」（同書八十二ページより）というのを読んで、なるほどなあと思いました。つまり、体形がシンプルだと体性感覚から入力する刺激もその分シンプルなので、せっかく機能のいい容量の大きい脳があっても宝の持ち腐れだというのです。そのような記述から、体性感覚からの刺激が脳の活性化につながるというのが脳科学の常識になっていることがうかがえます。

はい。そしてペンフィールド（脳神経外科医）の実験によって、体性感覚の種類によって大脳のどの部位が賦活されるか地図ができています。

電気刺激を与えて大脳のどこが賦活するか確かめた有名な実験ですね。つまり、「体性感覚からの入力が大脳まで届いている」ことは色々な研究によってすでに常識となっている。それを今まで発達障害を改善するため身体アプローチを行っている人たちは「なぜ効果があるのか」という説明に活用してこなかったのかもしれませんね。

・体性感覚からの刺激が大脳に届くルートは解明されている。体性感覚からの刺激が脳を育てるのは不思議なことではない。

大脳の指令が身体を動かす＝運動神経

じゃあ、その逆のルートはどうなんでしょう。

逆のルートとは？

大脳皮質で「やろう」「やりたい」と決めたことに従って身体を動かすルートのことです。先ほど灰谷さんから「支援者が観察し、選択することが大事」という話が出ましたが、率直に言って、どんな分野でも本だけ読んでなんの実行もしない人もいると思うんです。「やろう」「やりたい」と思ってから行動に移すまでのスピードや腹のくくり方って相当個人差があります。ここのスピードが遅かったり腹がくくれなかったりしてチャンスを逃す人って多いでしょう。

「行動の遅さでチャンスを逃す」ことはありますね。やはり頭でっかちだとそうなりがちです。

そこでも頭でっかちだと不利なのですね。なぜですか？

思考と行動のギャップが常に起きるので、新しい行動を起こすのにすごく労力を必要とするのです。

身体性を置き去りにした頭でっかちの人は、行動することで自分を変えていく習慣がないことが多く、新しい行動を自ら起こすことが苦手な人が多いんです。とくに大人になっても「原始反射」が残っていると行動にブレーキがかかりやすい。

原始反射とは、一言で言うとなんですか？

「赤ちゃんの生き残り機能」です。赤ちゃん時代は大人になってからと生き残るための戦略が違います。

そりゃそうでしょうね。

ところが、大人になっても赤ちゃん時代の生き残り機能を残していることがあります。発達凸凹と言われる人ほど大きく残している可能性もあります。脳幹で生きる時期を卒業していない、もしくはやり残している、と考えてもらうとわかりやすいかもしれません。

原始反射を強く残していると生き物としての生き残りの基本戦略である「闘う」「逃げる」「固まる」の思考反応に入りやすいので、「思考がストップ」（固まる）、「関わらない」（逃げる）に入りやすい人は、考えるだけで行動を起こしません。

行動を起こさないとは？

たとえば仲直りしたい人がいるとします。「あのとき自分の言葉で傷つけてしまったかもしれない。だから自分から謝りたい」と思ったとします。でもその人に自分から謝るのは新しい行動だし、時として勇気が必要な可能性もあるので、つまり「現状の自分を変えるという「恒常性が崩れる」行動なので、気持ちに負荷がかかります。いざ仲直りの電話をしようとすると「拒絶されたらどうしよう」などと思うかもしれませんし、「余計に嫌われたら怖いな」と思うかもしれません。それでその負荷に負けて一歩を踏み出せず、結局仲直りの電話をかけないという選択をします。

しかし、自分の「自分から謝りたい」という認知と自分の「仲直りの電話をかけない」という行動が合わないと自分の中に不一致が起こります。これを心理学のことばで認知的不協和と言います。脳にとってはそれはとても気持ち悪いので、その人に「電話をかけなかった」という行動の事実に合わせるための「新しい認知」を作って解決しようとするのです。それが「言い訳」です。例えば「もうちょっと自分の準備ができてからのほうがちゃんと話せるだろう」「時間が解決してくれることもあるし」「向こうはどうせ仲直りなんて望んでないだろうから……」という感じです。

やらない言い訳をして行動を起こさない人には理由があるんですね。

原始反射を強く残しているとこのような行動はとりやすいですし、思考脳にからめとられて身体感覚と繋がりにくい状態でいることも考えられます。

「大脳新皮質→大脳辺縁系→脳幹→体性感覚」のつながりがスムーズに動かないという現象ですね。

大脳新皮質から出た司令が様々な脳を通って筋肉に伝わり行動に移すルートを「運動神経」と呼びます。

なるほど。それが運動神経の本来の意味なのですね。運動会でかけっこが速いことではなく。大脳新皮質から身体へのつながりルートができていること。スムーズに流れること。大脳で決めたことを身体が実行できること。それが運動神経なんですね。

・大脳で考えたことを、身体が速やかに実行できることが「運動神経がいい」ということ。

察する力、選ぶ力、腹をくくる力

そして人を支援するという局面においては「やらない言い訳をしない」ことは決定的に重要そうですね。選んで、そしてやる。自分の選択に腹をくくる。たしかに「肝っ玉母さん」みたいな人たちのお子さんは、どんどんよくなっています。そういう意味でも、支援する側、親御さんが「察する、選べる、腹をくくる」力をつけるのは大事なのですね。

・発達支援をする側は、「察する力」「選ぶ力」「腹をくくる力」を養っておくことが大事。

［第二部］発達の余地を作る

発達とは「分化」である

先ほど浅見さんからイルカの話が出ましたが、自閉症の人などはボディイメージがイルカのように「つるん」としているかもしれません。

とはどういうことですか？

例えば僕たち人間は指がイルカとは違って分かれていますが、五本の指を分けて使えたり別々に動かせないと不器用になるでしょう。

ああなるほど。

例えば、おんぶをしてこようとするお子さんが掌や指を使わずに肘や腕でよじ登ろうとする場合があります。おそらく脳内イメージとしては、指はないんです。イルカのヒレみたいな感じ。そしてね、発達って分化なんです。

分化？

発達ってね、「分かれること」「分けてそれらが協調的に使えるようになるということ」です。首は曲がっても背中はまっすぐ、というポーズじゃないと授業は受けられないし、縄とびは背中をまっすぐで脚は曲げるという動きです。えんぴつやお箸を上手に扱うには、親指だけが他の指と向かい合っていないといけません。人間の社会生活には他の動物にはできないような複雑な動きが必要なんですね。それができないと知性的な活動に影響が出るんです。つまり左右の機能や役割がいったん分かれて、その後再びつながって使えるのが発達です。

ところがなんらかの理由で、自分のボディイメージがつかめていない子、手足はついているんだけど脳の中で手のイメージ、足のイメージがはっきりしない子がいるということがわかってきましたよね。

・発達とは「各部位を分化して使える」ということである。

たとえばイルカのようなボディイメージを持っている子に「座りなさい」と言っても座るのがしんどいと思うんですよね。

たしかにそうですね。それを伝えたくて本を出してきたし、伝えるだけではなく、改善する方法があればいいなとずっと思ってきたんです。

それで、『自閉っ子、こういう風にできてます！』を作ってからしばらくは感覚統合由来のアプローチの知見を世に伝えてきました。とにかく身体が不便そうなのでこれだけでもどうにかしてあげたいと思ったんです。そしてふと見ると発達障害の療育の世界には、感覚統合という身体アプローチがあったわけです。それに一定の効果があったことが確かめられて、でも感覚統合だけでは治せないこともいっぱいあって、それで色々な身体アプローチを求めてきて灰谷さんや栗本さんに出会ったわけです。でも、固有受容感覚と前庭感覚の入力の認識を高める感覚統合は、ボディイメージを作る上でやっぱり役に立っていますよね。

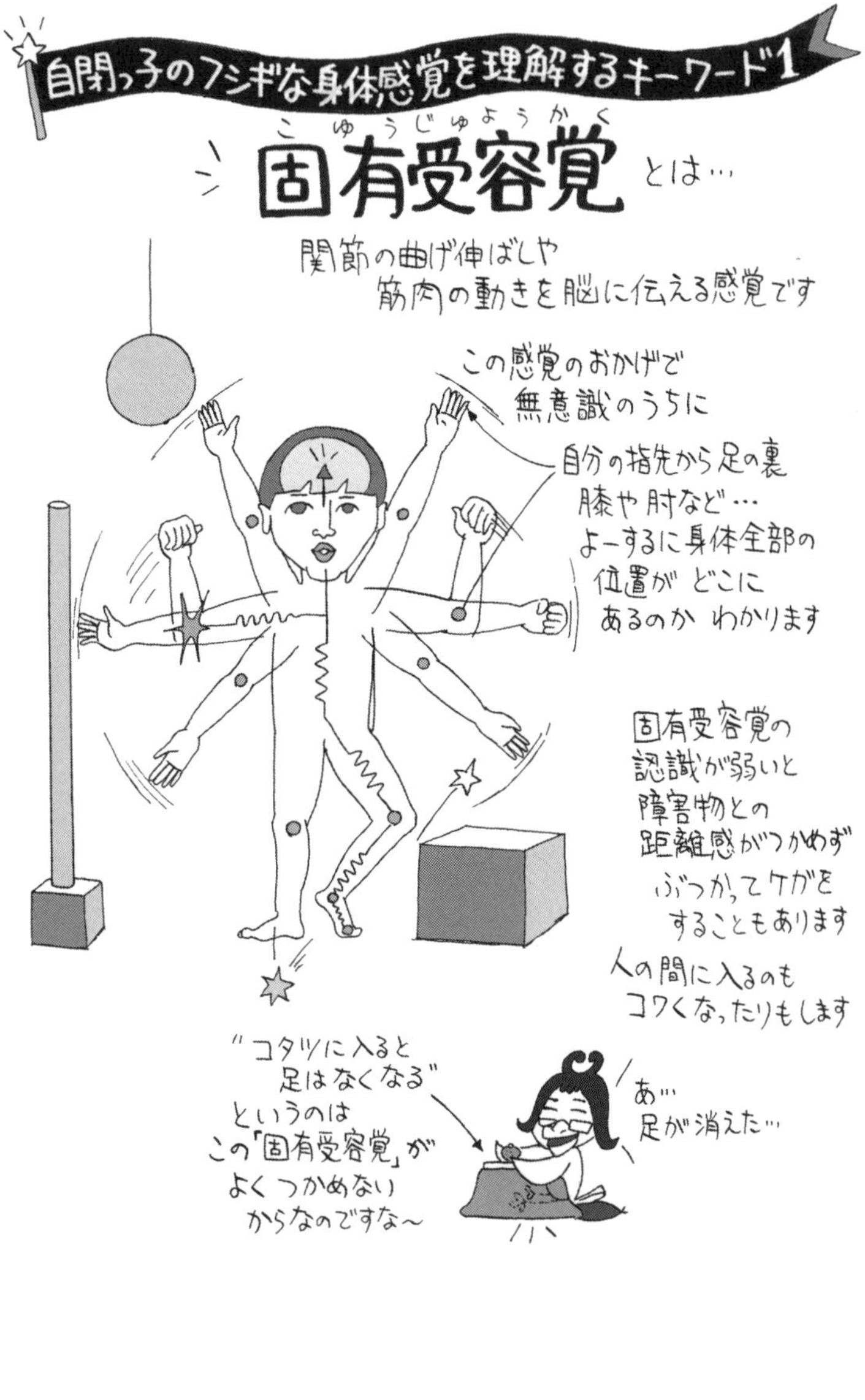
自閉っ子のフシギな身体感覚を理解するキーワード1
固有受容覚《こゆうじゅようかく》とは…
関節の曲げ伸ばしや
筋肉の動きを脳に伝える感覚です
この感覚のおかげで
無意識のうちに
自分の指先から足の裏
膝や肘など…
よーするに身体全部の
位置が どこに
あるのか わかります
固有受容覚の
認識が弱いと
障害物との
距離感がつかめず
ぶつかってケガを
することもあります
人の間に入るのも
コワくなったりもします
"コタツに入ると
足はなくなる"
というのは
この「固有受容覚」が
よくつかめない
からなのですな～
あ…
足が消えた…

＊『もっと笑顔が見たいから』岩永竜一郎＝著より

身体アプローチは「無意識を育てる」

感覚統合のアプローチでは「無意識を育てている」という認識は共有されているのでしょうか。

感覚統合の本を全部読んだわけではありませんが「無意識を育てる」という表現は見たことがないような気がします。でもたしかに固有受容感覚や前庭感覚が整うことは「無意識を育てる」ことですよね。

無意識が育つと、発達の余地ができます。

そうですね。そのあたり詳しく説明お願いいたします。

はい。

私たちがこの世界を認識するのは感覚器官を通じてのことです。

感覚器官を通じて私たちは、世界と私の存在を確認することができます。感覚は、私たちの身を守ってくれますし、学ぶことを助けてくれています。意欲的な活動も、感覚を通して行っているのです。

人間の感覚には意識的感覚と無意識的感覚の二つがあります。

まず意識感覚には視覚・聴覚・味覚・嗅覚・触覚の五つの感覚があり、これを五感と呼びます。

無意識感覚には前庭感覚と固有受容感覚、触覚、内臓覚などがあります。特に無意識感覚である固有受容感覚、前庭感覚、触覚が統合されていない（過敏もしくは鈍麻）だと身体のコントロールが難しかったり、動かし方がつかめていなかったりします。

感覚を発達させ環境とうまくつながることができると、基本的な身体・移動運動が無意識にできるようになり、言葉や知的活動が活発になります。

一つの例として、前庭感覚が発達することで姿勢のための中心軸が整います。正中線を交差することが可能になって、身体の左右両側統合が進みます。

身体の左右両側統合が発達することは、脳の分化（左右の脳が役割分担し、それぞれが連絡をとり合って働くこと）が進んでいることを意味します。左右の脳の役割が分担されることで利き手が確立し、反対側の手がそのサポートを行い、両手での活動がスムーズになり、それが左脳の言語中枢の確立につながっていきます（言語中枢は、右脳・または両脳に存在する人もいます）。

このように感覚を発達統合することが言葉の発達など高次の脳の働きに関わっていくと考えられています。

まとめると、灰谷さんは

・固有受容感覚
・前庭感覚

・触覚
・内臓覚

を「無意識」ととらえ、そこの機能が整うことによって言葉や知的活動など、「人間脳」の発達の余地ができるとお考えなのですね。

はい。とくに、前庭感覚と固有感覚と触覚が、他の感覚を使う上での土台になっていると考えています。

そのあたりをもっと詳しくご説明しましょうか？

お願いします。

・人は感覚器官を通して環境を学び、環境とつながる。その土台となっているのは無意識である。
・無意識の発達↓人間脳の発達の余地ができる。

脳の三つの役割

脳には三つの役割があります。

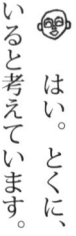

一　健康維持
二　能力発揮
三　生き残り（３Ｆ＝闘争、逃避、凍結）

の三つです。三の生き残り反応が出ていると、脳は一と二の役割を後回しにして、三に最大限のエネルギーをつかうようになります。つまり、「目の前の出来事を乗り切ること」に焦点を合わせて「無理に頑張る」ような状態になります。こういう状態では、心身の健康を維持するための免疫力は下がり自己治癒力は失われます。創造性や相手を思いやるような共感性は影を潜め、学習やより良い人間関係に向けたパフォーマンスを発揮するための身体性が失われます。

なるほど。生き残ることに精一杯なのですね。

こういうとき身体では様々な変化が起こります。心拍のリズムは不規則になり、触覚は防衛反応のために過敏傾向になります。固有受容感覚はつかみにくくなります。極度の緊張のときに、地に足がつかない感覚、腕や足が失われたような感覚、手先がいうことをきかないような感覚などを経験したことがある人は多いのではないでしょうか。心理的なストレスによって前庭感覚も影響を受け、重心を保持する機能も変動します。ストレスにより不安が高まると、姿勢が不安定化します。危険を察知するために目は近くを見るよ

り周囲を見ますし、聴覚も過敏になります。
　このように私たちは日常の生活においても、前庭感覚や固有受容感覚が失われた時の感覚の変化を経験しています。いつもはたいしたことがないような作業や動作においても困難さを感じることを経験しています。そのような、「前庭感覚や固有受容感覚が日常的に誤作動を起こしているような状況」だと何が起こるでしょうか。

　自分がわからなくなるのではないかと思います。自分という存在が希薄になる。そして自分の立ち位置がわからない。私は常々、固有受容感覚と自我というものに強い関連があるような気がしてきました。固有受容感覚の認識が弱ければ、自分が確かにここにいるという信頼は希薄になるし、自分の立ち位置がわからないのなら、他人の立ち位置がわかるわけがない。それが、他人の存在がわからない、無視してしまう、という一見「非社会的な行動」につながり、それを情緒的に解釈されて間違ったアプローチをされて治らない。その状態はおかしい、と思って身体アプローチを広めてきたのです。

　固有受容感覚は、「私は誰か・どこにいるか」という感覚であり、自分が自分であるという感覚につながります。同時に、自分が社会の中においてどういう場所にいるか、という心理的、概念的な感覚にもつながっていると考えられます。私は、固有受容感覚をうまくつかめていないお子さんが、無目的に動きまわり止まれない様子を多く目撃します。まるで、自分は「どこにいたらいいの？」「止まったら私はどこにいるの？」と言っているようです。

つまり固有受容感覚が発達してくることで、「私」と「私でないもの」との区別がはっきりと認識できてくることになります。固有受容感覚がつかめていないと、物とぶつかりやすくなったり、車を運転することに不安を覚える人もいます。また、視覚（目）や、触覚などを固有受容感覚をつかめないその代償として使わなければいけないでしょう。つまり、自分の身体が存在していることを確認するために見ていないといけないのです。

私たちはそれを「コタツの中の脚がなくなる」というご本人たちの証言で確かめていました。（参考『自閉っ子、こういう風にできてます！』）

自分の脚のありかが固有受容感覚でつかめなければ、見えないと不安ですよね。それと同様、組織の中の人間関係とか、社会の中での自分の役割とか、概念的で目に見えにくいことに関して常に不安でいたり、その中で自分らしく動くことにすごく努力を必要とするかもしれません。家族や学校というシステムの中で自分という存在を維持するためには、「自分」を演じる必要があるかもしれません。

なるほど。

・固有受容感覚は「私は誰か、どこにいるか」を教えてくれる感覚である。

それに対し前庭感覚は、「私はどこに向かっているか」という感覚であり、重力に対して自分がどの方向にいるか、進行方向に向かってどれくらいのスピードで動いているか、などのコントロールを無意識的にやってくれています。私たちの活動は、どんな時でも重力と身体との関係性の中においてのみ発揮され得ます。重力の中で自分の身体を自由に動かせること、使えることが、能力を発揮するということであり、自分を表現することなのです。

・前庭感覚は、「私はどこに向かっているか」を教えてくれる感覚である。重力の中で自分の身体を自由に使えることが、能力を発揮するということである。

宇宙飛行士の向井千秋さんが「無重力には無重力の書き方がある」とご著書の中で述べておられますが、宇宙では首を後ろに曲げて腕も上にあげて書くのだそうです。地上でやっている、「首を下に曲げ、紙の上に手をおいて書くような姿勢」は実はとても疲れる姿勢で、これを維持するにはとても筋力がいるのだそうです。前庭感覚は、重力がある中で、今この活動にはどの程度筋肉を入れるか、抜くか、という「筋緊張度」のコントロールを無意識にしてくれています。いわゆる体軸がないふにゃふにゃのお子さんや、常に過緊張で身体のガチガチなお子さんは、前庭感覚がうまく作用していなくて、身体が重力とのおつきあいをうまくできていない可能性が大きいわけです。

読み・書き・聞き取りが苦手な方の場合、首の筋肉が極端に弱いことがあります。つまり無意識で自分の筋肉のコントロールができにくいわけですから、背筋を伸ばし良い姿勢を維持するにもずっと意識的に気を配っていないといけないのです。

成人した自閉症当事者の方たちの手記を読むと、それがわかりますね。

また前庭感覚は上下左右の感覚をも無意識的に把握してくれていますから、一つひとつの作業に対してどちらが右か左か、どちらが上か下か確認する役目をしています。

脳のエネルギーの約九十％は姿勢の維持に使われていると言われていますが、無意識感覚である前庭感覚や固有受容感覚を適切に使えていると、学習やパフォーマンスを発揮するための必要な姿勢維持や運動のコントロールが無意識的によりラクに行えることになります。その結果、意識感覚である五感（視覚、聴覚、触覚、嗅覚、味覚）のエネルギーを姿勢の維持や身体のコントロールに使わずに、目の前の「やるべきこと」により多く注げるようになる、ということになります。向井千秋さんは著書の中で、宇宙という無重力空間に行くと、筋肉が脂肪化したり、味覚が変わったり、嗅覚過敏になったり、深呼吸がしにくくなったり、心臓が怠けてどんどん機能低下したり、というような様々な感覚や身体への影響について書いていらっしゃいます。

固有受容感覚や前庭感覚という無意識的な内部感覚をうまくつかめているということは私たちの様々な意識的な動きや社会活動の土台の一部になっていると考えられます。

・無意識的な内部感覚をうまくつかめていることが、意識的な活動の土台となる。

感覚統合的アプローチを超えるものの必要性

感覚統合的アプローチは、固有受容感覚と前庭感覚を標的症状にしていて、それで一定の効果があるというのは確かだと思うんです。ただ私がそれだけじゃ足りないと思うようになったのは、感覚統合では治せない特性もたくさんあって、それが確実に発達障害の人たちの日常生活を困難なものにしていたからです。だからこそ、治る方法がないかと探ってきたからなんです。で、「あったなあ」というのが正直な実感なんです。

栗本さんの実践する「コンディショニング」のアプローチは、関節や内臓に潜む一次特性に光を当てました。東洋医学的な視点を取り込み、非常にシンプルなやり方で身体に働きかけ、しかもそれが即効性を発揮しました。感覚統合では何年かかっても影響が出なかった困難な症状がコンディショニングのアプローチで治っていきました。

灰谷さんのアプローチを本にするのも、これでまたラクになる人が増えればいいなあ、という理由です。

ここからは私個人の観察に過ぎないのでそのつもりで皆さんに読んでいただきたいのですが、発達凸凹の方たちが抱えがちな身体的な困難で、「感覚統合だけでは足りなかった」症状には、たとえば次のようなものがあります。

- 季節の変動への弱さ
- 睡眠障害
- 排泄の問題

「感覚統合だけでは足りなかった」というよりは「このあたりの困難な特性まで改善できるアプローチが他に見つかった」という方が正しいかもしれません。感覚統合は筋肉も内臓もそのアプローチの対象にはしないけれども、栗本さんに出会って、コンディショニングを知って、たとえば「排泄」や「季節の変動への弱さ」と「関節の状態」などの関連が解きほぐされていってそれを改善する方法を実践する人が増えたことにより、感覚統合だけでは治らなかった症状がどんどん治ってきているわけです。それが花風社のここ数年の成果です。

過敏性にも感覚統合の研究はたしかに貢献していると思います。たとえば感覚統合の研究者は、聴覚過敏の尺度と自閉性の尺度を合わせ、自閉度の高い人には有意に聴覚過敏があると実証したりしていています。それはたしかに成果を伴った研究です。その検証結果が教育現場に浸透すると、自閉の人にはイヤマフの使用を許すのが合理的配慮であるということが主張しやすくなるわけです。医療側からの裏付けがあるわけですから。

でも私はそれだけでは満足できないんです。「聴覚過敏はたしかにあります」と実証することは大事だけど、それだけじゃなくて、できれば聴覚過敏そのものが治ってほしいんですよね。そしてたとえば聴覚過敏は、コンディショニングを実践してあっという間に治っていく人が続出しています。身体を弛めるということはそれだけ大事だったんだ、という発見があります。もちろん全員治るのではないかもしれない。でも今まで十人のうち一人治るか治らないかだったのが、コンディショニングを世の中に紹介することによって三人治るようになるのならそれは治る人が三倍以上増えることだから、版元としては伝える価値があると思ったんです。身体を弛めるというコンディショニングのアプローチによって、聴覚過敏がラクになり、その結果外出がおっくうではなくなり、その結果学習の幅が広がり社会性の発達につながり……という風に芋づる式に治っていく人が実際に出てきています。そういう人が一人でも増えるといいなと思っているんです。

僕の見方では聴覚過敏は相同ですね。相同の動きをクリアすると聴覚過敏は軽減したりなくなっていくクライアントさんを見てきました。

なるほど、それはまた新しいアプローチです。こうやって栗本さんのアプローチに加え灰谷さんのアプローチも紹介し、とにかくいくつか聴覚過敏の治り方のパターンが広まれば、ラクになる人が増えます。ラクになる人が増えればそれがいいのだ、と思って色々な実践家の知見を出版していくわけです。

・感覚統合アプローチだけでは治らなかった症状が治る身体アプローチが知られるようになってきている。

固有受容感覚と触覚

過敏性は不登校の大きな原因にもなるし、その人の社会生活の幅を狭めてしまうので、できれば治ってほしいんですよね。そこが治ると、色々芋づる式に治ると思うので。それにしてもこれも私見にすぎないのですが、感覚統合的アプローチだけやっている段階の人でも触覚過敏だけはどうにかなっているケースが散見されるような気がします。

ペンフィールドの脳地図を見ると、手や足裏、口、顔、舌などからの入力が驚くほど大脳に影響を与え、それにひきかえ体幹などの部位からの影響が少ないことが確かめられます。感覚入力が多い部位に感覚過敏が生じるのは当たり前に思えますし、感覚入力が少ない体幹やその他の部位からアプローチすることで感覚過敏の偏りが少なくなるのではないかと思います。

つまり？

体幹などの部位から脳に送られる情報は相対的に少ないので、そこの入力が少ないと、すなわちそこをしっかり使っていないと、敏感な部分への感覚入力が過敏に働くのではないかと考えています。

なるほど。これもまた観察の結果に過ぎないのですが、固有受容感覚が育ってくると触覚過敏って薄くなるような実感があります。考えてみれば固有受容感覚がないというのは相当怖いことなので、触覚を最大限に過敏にして対応しているんじゃないか、という気がします。つまり固有受容感覚と触覚ってバーターみたいになっていて、だから固有受容感覚が育つと触覚過敏は取れていくのではないか、というこれまた身体アプローチを追いかけてきた門前の小僧なりの仮説です。

ところで今までの議論だと灰谷さんは感覚を意識的感覚と無意識的感覚に分けて、触覚を、五感の一つとしての意識感覚と、固有受容感覚・前庭感覚と同じ無意識感覚の双方に入れていらっしゃいますが、それはどういうことでしょう?

触覚は、識別機能（意識的）と防衛機能（無意識的・反射的）の両方を担っています。そして無意識感覚の前庭感覚と固有受容感覚が整ってくると、両方にまたがる触覚の無意識感覚の部分も整ってきて、意識的な機能としての「外側のものを知る」という識別する大切な機能もより働きやすくなるという仮説を立てています。

触覚は、コミュニケーションを図っていく上でとても大切なんだと思っています。触覚をうまく使えているかどうかは、物事を認識すること、選ぶこと、にとても影響が大きいように思えます。そして触覚は胎内にいるときから芽生えます。

なるほど。そういえば触覚がいつ発生するかなんて考えたことはありませんでしたが、お母さんのおなかの中にいるときから触覚は育っているんですね。

はい。そしてそこで先ほど言及した「赤ちゃんの生き残り機能」である原始反射の一つ、「恐怖麻痺反射」がきちんと統合されているかいないかが問題になるのです。

恐怖麻痺反射？　統合？

赤ちゃんの生き残り機能としての原始反射

はい。胎児が生き残るための機能は、すでに生まれた子どもや大人とは違います。

そりゃそうでしょうね。お母さんのおなかの中にいるのだから、できることは少ない。母体の危機＝自分の危機、だし、何か危機が迫っても歩いて出ていくわけにはいきません。すでに生まれた子どもとお母さんのおなかの中にいる胎児とは、生き残りの戦略が違って当たり前だと思います。

はい。だから母体に危機が迫ったら、首・身体・肩など身体を固めて母体のストレスから悪影響が体内にはいってこないように身を守るのです。それが恐怖麻痺反射（167ページに解説）です。受胎後五週目くらいの早い時期から、この反射が赤ちゃんの中で機能し始めます。

五週目って？　どんな状態ですか？　まだ人間のかたちになりかけの時ですよね？

この頃の赤ちゃん（胎児）は、既に心臓や肺ができていて機能し始めますが、まだ脳と身体の神経がつながっていません。つまり自分の脳神経からの指令によって身体を動かすことはできない状態です。

そういう状態でも生き残らないといけないから、身を守るための反射機能が備わっているわけですね。生き物としての生き残り戦略のために、そういう機能が受胎五週目から備わっているわけですね。すごい！

はい、本当にすごいんです。生き残りのための機能なんです。人間が最初に学ぶストレス対処法です。そして「ヘビににらまれたカエル」と言うとおり、危機が迫ると固まるというのは魚やカエルと共通した反応です。

そして胎児が成長を続け、胎児の触覚や前庭感覚、固有受容感覚、聴覚などさまざまな意識が育っていくのと同時に、恐怖麻痺反射を卒業していくんです。

触覚が育つと、以降は触覚で色々な事態に対応していけばいいから、恐怖麻痺反射は卒業するんだ。それにお母さんのおなかの外に出たら「ストレスが来たら、固まる」という対応だけではダメですよね。もっと積極的に事態にかかわる必要がありますね、お母さんのおなかの外で生き抜くには。

そうなんです。そしてこの恐怖麻痺反射をおなかの外でも、場合によっては大人になっても強く残存している人もいます。そういう人の場合には、過敏性がかなりある場合が多いです。他にも何かと臆病だったり、積極的に動けなかったりします。

恐怖麻痺反射を残していると、触覚の原始系（防御）から、識別系（積極的なかかわり）への発達が遅れます。なので危険を回避し防衛する肌の機能を最大化して対処しているように見えます。そうすると、外側の肌にエネルギーを集中させるため、内部の固有感覚を使うことが難しくなるのかな？ と思います。結果として表層筋（アウターマッスル）が過剰活性し、深層筋（インナーマッスル）が働かなくなります。姿勢筋というのは、インナーマッスルが中心ですので、原始反射を持っている人は、姿勢を維持するだけでもとても大変、ということになります。

・赤ちゃん期を過ぎても、赤ちゃんの生き残り機能を残してしまうことで、生きづらさが生じていることがある。それが発達障害の人々の状態像に重なる。

まさに発達凸凹の人たちの状態像が思い浮かびますね。過敏性。姿勢保持の難しさ。そして頭で考えたことを実行に移す積極性の乏しさ。社会的に働きかけることの欠如、不器用。その原因が「原始反射の残存」ということにあったとすると、灰谷さんとの出会いによってまた一つ「発達障害者が発達する」ためのアプローチが手に入るわけですね、私たちには。

はい、それですべてが解決するわけじゃないんですけれど、影響は大きいと思います。

それでその原始反射っていうのを卒業させることを灰谷さんはやっているんですか？

「卒業」、というより「統合」ですね。

統合ってなんですか？

「含んで超える」ことです。普段はもっと高次の脳を使って動きを選んで社会生活を送っていても、いざとなったら反射の動きを自然に身体が選べる状態にまでもっていくことです。「卒業」ではなく「統合」だからこそ、それが必要になったときには呼び覚ませるんです。危機を乗り切る知恵に厚みが加わるんです。

なるほど。

原始反射は「消滅する」わけではなく、原始反射をしっかり経験して含んだ上で越えて統合するので、複雑な動きが必要な社会に対応できるし、ストレスが来た時には、また反射を使って乗り切ることができるのだと思います。

恐怖麻痺反射の統合をするのに、魚の動きとカエルの動きが役立つことがあります。

それは、恐怖麻痺反射が魚やカエルの生き残り機能だからですね。そして動きの発達の講座で説明されたように、一つ前の動きを「やりきる」のですね。原始反射がむき出しになっていると、生きづらさが生じるからそれをやりきらせて卒業させてあげる。

はい。それにこの表を見てください。

第一講座でご説明した「動きの発達四段階」のそれぞれに関係する原始反射があります。そこをクリアしないと、動きの発達のそれぞれの段階がクリアしにくくなります。そして「対側運動まで到達する＝学習の土台が整っている」状態までもってくるには、原始反射がより統合している状態が望ましいです。

学校生活・一般社会でも赤ちゃんのようなサバイバル戦略をしていたらそれは生きづらいですよね。

動きの発達	関係する原始反射
対側運動	統合された状態
同側運動	非対称性緊張性頸反射（ATNR）
相同運動	モロー反射 対称性緊張性頸反射（STNR）
脊椎運動	恐怖麻痺反射 脊髄ガラント反射 探索反射 緊張性迷路反射（TLR）

そうなんです。

だから灰谷さんはその原始反射を「統合」する支援をしているのですね。それはぜひ、もっと知りたいですね。

では次の講座では、原始反射とその統合についてお話ししましょう。

第三講座

原始反射の成長

講師

灰谷孝

受講生

浅見淳子

栗本啓司

恐怖感について

恐怖感スペクトラム

恐怖麻痺反射、という原始反射（編注：もしくは初期子宮内反射）ついて教えていただいてよかったです。謎が解けました。恐怖感って人間に限らず生物が生存していくためには絶対に必要だと思うんですけど、どういうことでどの程度恐怖感を感じるかって、実は人によって相当差がありますね。発達凸凹の方の中には、私たちの目から見ると「いわれのない恐怖感」を持っていると思われるようなこともひんぱんにありますね。恐怖感の機能が「警戒」だとすると「警戒しすぎ」な感じの人たちです。

恐怖感が過敏性などの原因の一つになっていて、授業に参加できない、世の中が怖い、学習できない、人と接触できない、ゆえに学べない発達できない、という風に負の芋づるの源となっているかもしれません。だとしたら元から治してあげると今度は学校に行ける→学習進む→社会性伸びる　という正の芋づるが始まりそうですね。

恐怖麻痺反射が残っていると、かんしゃく、過敏、変化への嫌悪感、適応力の欠如などが見られます。

発達障害の状態像とまさに重なりますね。そういう特性が生きづらさにつながる。でももともと恐怖麻痺反射は、必要なものだったんですね。

はい。胎内では必要な反射です。そして最初に身体が学ぶストレスへの対処方法です。胎内にいるときお母さんがストレスを受けても、その影響から自分を守るための反射です。まだ脳と身体が神経でつながっていない時期にこの反射は発生します。だから、雰囲気で固まるんです。雰囲気を察知して固まるんです。

おなかの中では必要な生き残り機能だったんですね。でもおなかの外では必ずしも有利ではない生き方です。

私はかねてから不思議に思っていたんです。自閉圏の人って自分以外の人が攻撃されていても自分が攻撃されるように感じて無駄におびえることがあるかと思えば、他人が攻撃されているとき、攻撃されている人に対して配慮せず、妙に冷たい態度に見えることもある。たぶんこれ、本当は相手を思う気持ちはあるのにわかってもらえない原因の一つになっていると思います。友だちができにくい一つの要因かもしれません。

誰か他の人が危機にあるときには当事者意識が強すぎて不必要に被害的になる。逆に思いやりを他人が必要とする場面で思いやること（思いやっているふりをすること）ができにくいみたいなんですよね。当事者意識が強いのか弱いのかわからなかったんです。

でも「生き残り機能としての恐怖麻痺反射が残存している」と考えると腑に落ちます。

まず場の空気、雰囲気で固めてますから。そして人の雰囲気で固まるということは、逆に親の意識が変わるとがらっと変わることもあるのが恐怖麻痺反射を残しているお子さんたちなんです。

・恐怖麻痺反射の残存している人は、雰囲気で固まっている。逆に言うと親のもつ雰囲気が変わるとがらっと変わる人たちである。

恐怖は身体のどこを固めているか？

なるほど。ところで「雰囲気で固める」っていうと、具体的に身体のどこを固めているのですか？

背中側の筋肉を固めています。足裏からふくらはぎを通って背中から頭を通ってでこまで筋肉の膜でつながっているともいわれています。主にこの背面の筋肉を固めていることが多いです。

そして背中側とは、大きく分けて三パートあります。首から肩甲骨のあたり、仙骨のあたり、ふくらはぎのあたりの三つです。肩甲骨が固まっていると目の見え方に大きくも影響し、例えば学習の困難さなどにもつながります。ふくらはぎが固まっていると、言語活動にも影響が出ます。どこを固めるかは人によって違います。全部固まっている人もいます。足の裏からおでこまでの範囲の中で、弛めやすいところから弛めてあげるといいですね。足の裏が過敏で触れなくてもおでこなら触れたりしますから。

触ってあげるだけでいいのですか？　強く押したりマッサージしたりしなくていいのすか？

触れるだけでいいです。というより、触れるだけ「が」いいです。他の刺激がいい場合もあります。そして、もちろん背面を弛めるにも遊びが役に立ちます。

・恐怖麻痺反射が残っていると、背面が固まっている。それが学習や言語に影響している。弛めるためのスキンシップや遊びが大事。

恐怖麻痺反射統合具体例

私は「この遊びがいいですよ」という具体的な提示は本の役目の一つに過ぎないと思っているんですね。それよりも読者の方に、自分や自分のお子さんにいい方法を編み出すヒントを提供したいんです。なぜそういう現象が起きているのかメカニズムを提示し、いくつかの例で有効だったやり方を示し、そして読者の方々が本で得たその知識をもとに、それぞれの工夫を編み出せるためのヒントを提供したいと思っています。万人向けのやり方などはないし、「自分で工夫を編み出す」ことこそが発達につながるので。

そしてここで灰谷さんに提供していただいたヒントとなる知識は

・恐怖麻痺反射という原始反射がある。胎児の生き残りのための大事な機能である。
・それが時期を過ぎても残存している人がいる。発達障害の状態像に重なる。
・身体的に見ると大きな特徴の一つとして、背面が固まっている人たちである。
・背面が固まることによって呼吸や見え方などに影響が出ている。

・それが発達の土台を揺るがしていることもある。
・背面を弛めるスキンシップや遊びが発達を促す。

というところですよね。これをもとに、それぞれのおうちで「どうやったら背面が弛むかな」を考えることが、効果のある実践に結びつくと思うんです。一応後出の説明文には具体的にどういうアプローチがいいかは書いていただいていますが、基本は「弛めること」であり、その方法は様々なわけでしょう？

そのとおりです。僕のところに個人セッションに来た方も、それぞれ別の遊びをお持ち帰りいただきます。そしてそれをしばらくやってみると、子どもたちは自然に次の遊びを見つけるんです。いくつか事例をご紹介しましょうか。

ぜひお願いいたします。

恐怖麻痺反射　統合事例　ケースA

小学校四年生／男児／自閉症診断あり（現在中学一年生）

●状態

言葉があまり出ない、友だちとうまくかかわれない、(補助輪なしの)自転車に乗れない、夜におもらしをする、水に顔をつけるのが嫌(怖い)、音の過敏(耳に触られるのが嫌)。目の動きがスムーズではない(真上、真下、左を指示されても目を動かせない)、状況の変化に弱い　など。

●お母さんの感想

初めてセッションを受けて感じたことは、本当に遊ぶだけなんだ～、こんなんでいいの～、本当にみてくれているんだよね～?　でした。息子は、遊べてただ楽しかったようです。当時の私は困っている息子に対して何もしてやれず、ただみているだけでしたので、わらをもつかむ思いで、とりあえずエクササイズは毎日やろうと思い、実際毎日続けました。あと、身体を動かすことの大切さも学んだので、極力、運動させたり、休みの日は、アスレチックのある公園に出かけました。

●変化

すぐに効果は感じず。あれっと変化を感じたのは二か月後くらいだと思います。急に自転車に乗れるようになったんです。おもらしも五か月後位には落ち着きました。水に顔をつけられるようになったのは一年後。言葉はじょじょに増えています。音の過敏、目の動きも少しずつよくなっていっています。

●本人の感想

初めてのセッションでは、楽しかったけど、はいちゃん（灰谷さん）は、ぼくのことを真面目な子だなと思っているなと感じました。一年後ぐらいにセッションを受けたときは、はいちゃんは、僕の内側も外側もみているなと感じました。今は、はいちゃんは、僕のことを立派だなと思っているように感じます。今度は、卓球がしたいです。

●お母さんが気づいたこと

息子のリクエストにより、バドミントンばかりしていたのですが、とにかく楽しかった。対等にかかわってくれたのが嬉しかった。自信へとつながりました。今までの息子は、遊んでもらうことはあっても、対等に遊ぶという体験はほとんどありませんでした。それがセッションを通じて対等に遊ぶことで、息子の自尊心も高まったように思います。息子のうちなる可能性、もともとあった力を信じて待つことの大切さを学びました。

このクライアントは、ＩＱが当時と比べて16上がりました。

なるほど。一般的にはＩＱがそれほど上がるというと、なんかお勉強的な療育をしたのかと思ってしまいがちですが、やっていることと言えば、お母さんの目から見ると「遊ぶだけ」なんですね。でも、それまでおそらく発達の遅れのせいで、友だちには「遊んでもらう」だけの体験しかなかったお子さんだったのかもしれません。そういう子が、「対等に遊ぶ」体験をしただけで変わるんですね。

子どもは絶対にやりたいこと、自分のために必要な遊びをやっているから、とにかくそれを一緒に楽しむんです。

支援者が「遊んであげる」という気持ちではなく。

発達って環境からの刺激との相互作用で促されますよね。そして支援者は刺激なんです。ちょっと想像して欲しいんですけれど、私たちが子どもの時に「自分に合わせてくれて遊んでもらっている。でもなんかわざとらしいなぁ」と感じたときと、「この人は大人なのに、自分と本気で遊んでくれている」と感じたときでは、どちらが嬉しいでしょう。どちらが本気で楽しいでしょう。どちらが記憶に残るでしょう？

たしかに。支援者も保護者も環境からの刺激なんですね。

だから、ただ見てやらしているだけではそれなりの動きしかできません。でも本気の動きからは本当の動きが出てくるから、やっていくうちに動きが発達して次の段階の動きが出てくるんです。その動きを観察し、一緒に喜ぶことです。

恐怖麻痺反射　統合事例　ケースB

六歳／男児／急性脳炎既往／知的な遅れあり

●状態

身体の動きが不器用　など

●親御さんからの報告：セッションの様子

何をするかというと、とにかく子どもがやりたい遊びで遊びたおす。息子の場合、二時間ほど灰谷さんとたいこを叩いたり、ボールを蹴ったり、投げたり、ハンモックに乗ったり。飽きずに延々とやっていました。とても楽しそうでした。その子にどんな反射が残っていて、どんな遊びやエクササイズが合うのかは一人ひとり違うので、それを灰谷さんが「こういう遊びが効果的です。家でもできる遊びは○○ですよ」と教えてくれます。

●変化

息子の場合、遊び始めは動きの中で身体の右側（右手や右足）だけを使いボールを投げたり蹴ったり、たいこを叩いたりしていました。それが二時間後には身体の左側（左手、左足）も使って、いつのまにか遊んでいました。「左手を使え」とは一度も言っていません。右側を思いっきり使った結果、自然に左側を使うようになったのです。

灰谷さんから原始反射の説明を聞けば聞くほど、息子の状態に思い当たることがあり、「それが理由だったのか！」と合点がいきました。たとえば息子は小さいときからズボンがよくいわゆる半ケツ（おしりが半分出ている状態）になりやすく、「腰が細いのかなあ」くらいに思っていましたが、それも腰への「感覚」が不足していたから。自分で「ズボンがずれて気持ち悪いな」という感覚にならないからということでした。セッションで教えていただいた腰や背中のマッサージを毎晩するようになってから、半ケツになることがほとんどなくなりました。

●お母さんが気づいたこと

もう一つ、大きなプレゼント。このセッションを受けて、息子に対する思いに変化が起きました。これまでは「なんでできないんだろう」や「なぜそんな行動をとるんだろう」と悶々とすることもありました。その気持ちがくるっと一八〇度方向転換。人よりも動かしにくい身体を周りの子どもたちの中で頑張って動かしていたんだ……なんて頑張り屋さんなんだ……と感動して、走っているのを見るだけでも泣きそうになってます。たいした子です。よく頑張っています。尊敬します。その視点も、灰谷さんが教えてくださったから気づけたこと。とことん子どもの視点からアドバイスをくださいました。

原始反射という概念を一つ知ることで、親御さんの見方が変わると、接し方が変わる。そして親御さんの接し方が変わることは、お子さんにとっては環境が変わることだから、お子さんの身体も行動も変わっていきますね。

そして灰谷さんのセッションでは、本当に、とことん遊びつくすんですね。

子どもは飽くことなく遊ぶんです。自然な遊びで反射を使うから、頑張らなくても無理にトレーニングしなくてもいくらでも動きます。

なるほど〜。

反射の定義はね「刺激が入って思考と感情を介さない行動」なんです。抑えられないものなので、誰に何を言われなくてもその動きになるんです。そして大脳新皮質が発達していないと、衝動そのままに動きます。その身体の動きのむこうに発達があるんです。今はどの段階にいるかをよく観察してやりきらせてあげる。何かの方法をその子に当てはめるよりその子の「いま」に知識を寄せていくのが大事です。

恐怖麻痺反射　統合事例　ケースC

五歳／女子／発達凸凹のグレーゾーン

●保護者からの報告：セッション前

人と目を合わせて話すことができない。早口でしゃべり続ける。怒ることができずに、お友だちとのトラブルや家族とのトラブルなどで感情的になる。するとその場から逃げ去り一人で抱えてしまうので、話ができなくなる

●保護者からの報告：セッション中

人見知りすることがないので、初対面の灰谷さんともすぐに打ち解け、自分のペースでやりたい遊びをしていると感じました。

初日はとにかくハンモックが気に入って、ハンモックの中で灰谷さんから統合のアプローチを受けているのが気持ち良さそうでした。

その後続けたことは足底のマッサージと、ハンモックを購入しただ揺れる。それを繰り返しています。スパイナルウォーク（編注：体幹部の固有受容感覚を育てるマッサージのような手技）、足底マッサージは現在も三日に一度程度要望があります。二年近く経っても現在も継続中です。

●気づいた変化

灰谷さんと出会う前の娘の写真は、目がカメラ目線ではなく、いつも違う方向を見た写真ばかりでした。カメラ目線の写真が撮れるようになっていることが増えているように感じたのは、一か月後くらい。それから半年後には、感情が高ぶっても走り去ることがなくなりました。

でもセッションを受けて大きく変化したのは私の方かもしれません。それまでは、「早くできるようになること」が「良いこと」と思っていました。成長も発達も早くできる方がいいと。大人の望むようにやれるようになってほしいと思っていました。そして例えば、お箸をきちんと使えるようになるには指を動かす練習をすればいいと思っていました。でも子どもにとっては様々な発達の積み重ねがあって、その一つがズレると思うように身体が動かないんだということに気づきました。早くできるようになることよりも、一つひとつの発達を重ねていけばできるようになっていくのでは？　と思えるようになりました。

私は成長させたかった。発達させたかったんだと思います。今は焦らず、娘の一つひとつの「できた」が、大きい「できた！」になるんだと信じて、毎日が楽しく過ごせるようになりました。

身体アプローチのここが好きだなあ、と思います。ターゲットの症状をどうにかしようという考え方ではないんですよね。全体に発達を促していくんですよね。たとえば靴ひもが結べないと靴ひも結びを延々と練習するのではなく靴ひもが結べる身体を作っていく。そうするとそれが靴ひもだけにとどまらず認知方面にも発達していくというアプローチですね。

はい。そしてそういうアプローチを可能にするにはやはり、観察が大事なんです。身体が変化→気持ちが変化→認知的変化
というつながりがわかっていないといけません。

「背面を弛める」工夫を編み出してみる（成人も）

これ、原理的に

・恐怖麻痺反射という原始反射がある。
・それが残存していると過敏性が見られる。

ということを原則として知っておけば、別に大人になってもやり方は工夫できるわけですね。たとえば灰谷さんのセッションではハンモックを使うようですが、ハンモックって一般のご家庭では設置が難しいことも多いでしょう。大人用となるとなおさらです。そこで栗本さんが推奨する金魚体操とかも、背面を弛めるには手軽にできる方法ですよね。

金魚体操

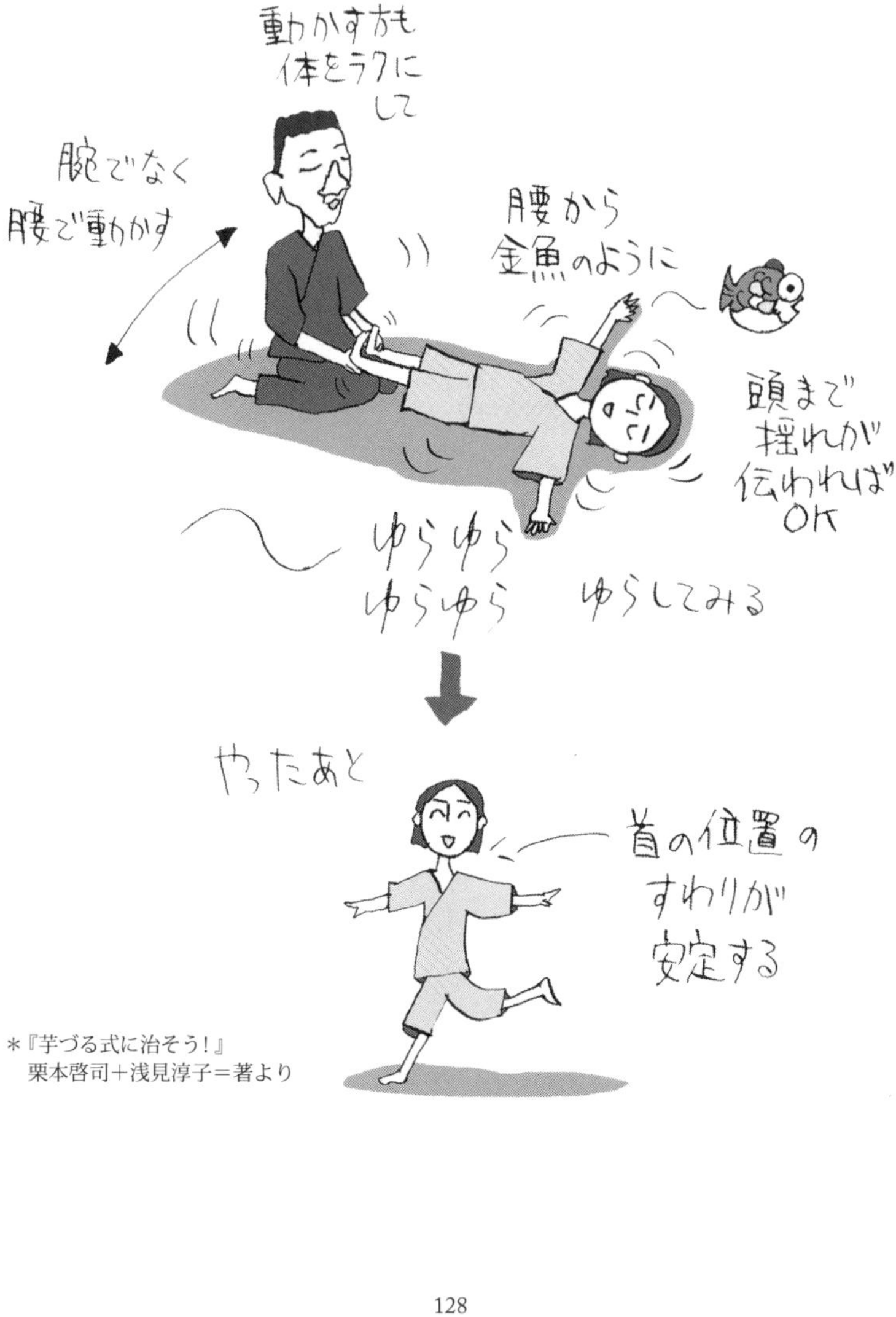

＊『芋づる式に治そう！』
栗本啓司＋浅見淳子＝著より

巷の健康法の知識を活用するといいと思うんです。たとえば四十代の女性のクライアントの場合だと、光への過敏が強かったんですね。外出時はサングラス着用で、肌にも過敏性があって扇風機の風が痛くて当たられないし、気温が二十八度以上になると気持ち悪くていられなくなる方でした。そこで足にあるつぼ「湧泉」を、講座の終わりに十五分程度刺激したんですね。そうしたら、その日帰ってくつろいでいると、ご家族がびっくりした顔で見ていたそうです。「どうしたの？」と聞くと、「お母さん、今扇風機にあたっているけど大丈夫なの？」と言われたそうです。言われるまで気がつかなかったけれど、光の過敏さも少し軽減されていたそうです。

なぜ「湧泉」への刺激が恐怖麻痺反射を統合すると灰谷さんは発想が浮かんだのですか？

湧泉以外にも恐怖麻痺反射の統合に役立つつぼがあるのですが、この方のときは直感で湧泉がいいのではないかな？　と思いました。しかし、必ずクライアントの方に「嫌な感じではありませんか？」と聞き、確認します。それで「嫌だ」となれば、強さや刺激の仕方を変えるか、他のつぼを選び直します。

見え方について

見え方もスペクトラム

ところで、ケースCの保護者の方は目の変化を感じていらっしゃるようですが、カメラ目線ができるかどうかはコミュニケーションや写真うつりの問題にとどまらないでしょうね。それこそ、板書ができるかどうかなど、学習上の問題にもつながるでしょうね。

学習障害当事者の南雲明彦さんと本を作ったときに、ビジョントレーニングの話が出ました。学習障害の方は字が揺れる、ゆがむ、など不思議な見え方をしているようですが、見え方のトレーニングをすることで、それが改善されることも多いようですね。

南雲さんもそれをある程度はやってみて、一定の効果はあった。けれども目に集中したトレーニングだと「ずっとハエタタキの目でいなければいけないと疲れる」というのを聞いて、本当にその通りだなと思ったんです（参考図書『治ってますか？ 発達障害』南雲明彦＋浅見淳子＝著）。部分的に働きかけるトレーニングは疲れますよね。見え方を改善するのにも、目だけではなく身体機能全体の発達が必要だし近道なんですよね。そして今回灰谷さんから、

・大きな筋肉でできるようになったことが小さな筋肉でできるようになる

という発達の順番があるということを教わって、学習障害にも身体アプローチが有効な理由が一つわかった気がします。つまり日常の中で学習障害の症状を改善できるということでもあります。

『支援者なくとも、自閉っ子は育つ』の著者こよりさんのように、特別な療育に通う余裕はなかったけれども川に浮かぶカモを親子で目で追って、だんだん小さくなるでしょ、と親子遊びの中でビジョントレーニングのようなものをした方もいるわけです。

＊『支援者なくとも、自閉っ子は育つ』
こより＝著より

こよりさんの方法は、理に適ってますね。なぜかというと、遠近感が育つ時期には近くから遠くを追う力が先に発達するんです。遠くから近くに来るものを見る力はそのあとで発達します。

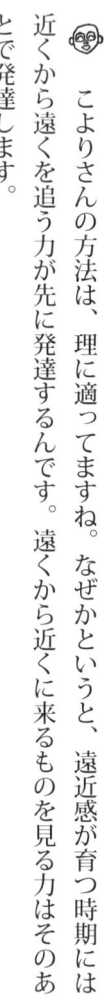

そうなのですか。きちんと子育てのカンが働いている方は、専門知識を学んだ覚えがなくてもやり方がわかったりするんですね。

・見え方の困難も、目だけを鍛えるより身体全体の発達を促した方が根本的な解決に結びつく。
・動きの発達の順番は「大きな筋肉↓小さな筋肉」である。
・遠近感が育つ時期には、近くから遠くを追う力が先に発達する。遠くから近くに来るものを見る力はそのあとで発達する。

肩甲骨と目の見え方と原始反射

原始反射の残存は、目の見え方にも当然関係があるのでしょうね？

はい。先ほどご説明した恐怖麻痺反射も目の見え方と関係があります。まず、視点が定まるようになってきます。カメラのピントが合うイメージです。さらに、背面が弛まると視界に立体感が出てくるんですよ。肩甲骨の動きも目と関係しているんです。肩甲骨が前後に動かない子は奥行きの視覚が難しいことが多いんです。つまり、黒板の文字を見るのが難しいんです。でもそういう子がブランコを漕ぐなどの遊びをすると、いつのまにか肩甲骨が動くようになることもあります。視界に立体感が出てくるんです。僕自身、ある研修の場で肩甲骨をはがしてもらったら、ぱーっと見え方が変わったという経験をしたことがあります。

はがす!? どういうことですか?

肩甲骨のくぼみに手を入れてもらって、肩甲骨が動きやすいようにしたんです。そうしたら、見え方が違いました。

僕も肩甲骨を動かせることは大事だと思っています。肩甲骨が動きやすいかどうかは呼吸に関係してくるし、呼吸は排泄やアレルギーに関係してきます。そしてもちろん息が詰まりやすい人は情緒的にも強迫的になります。でもとくに子どもの場合、あまりぐりぐりしたくないから、ワニの体操を勧めています。肩甲骨の輪郭が出てくると使いたくなるんですよね。そして、自分から行動を起こ

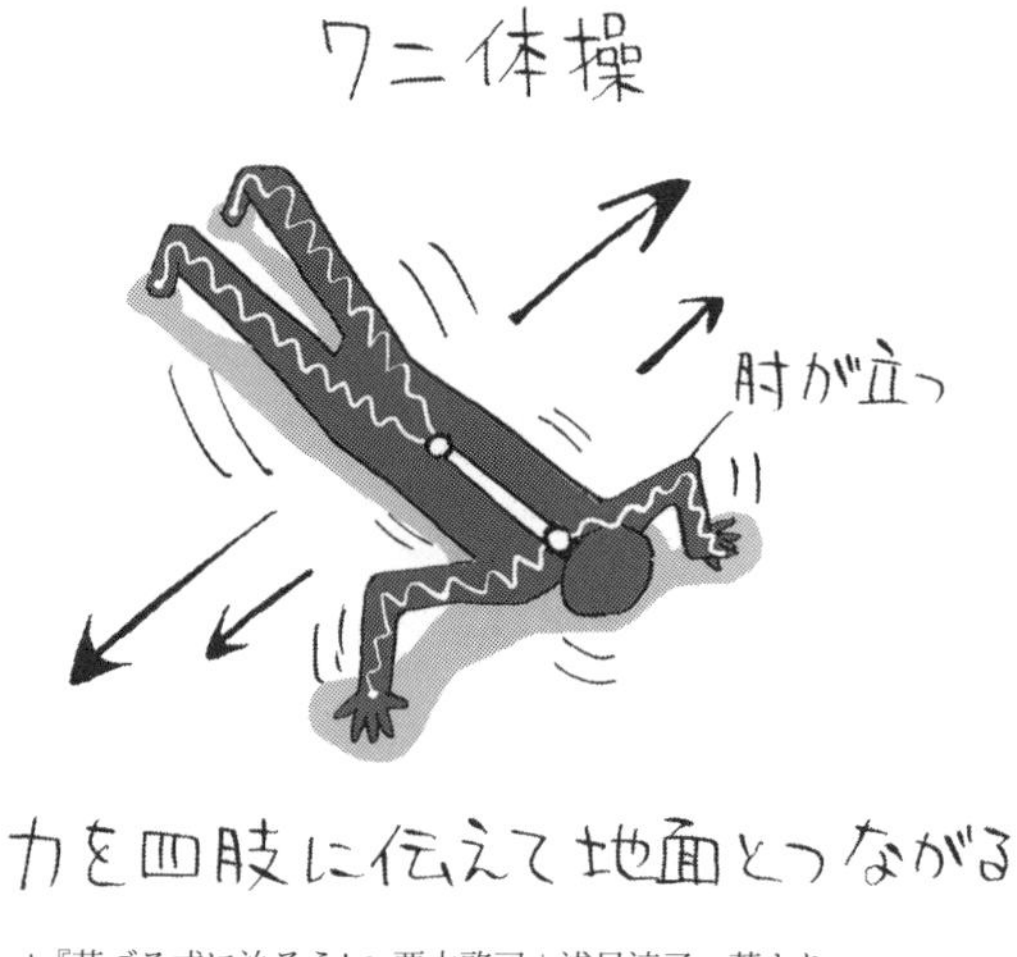

＊『芋づる式に治そう！』栗本啓司＋浅見淳子＝著より

せないタイプの人は肩甲骨から動かすといいんですよ。

ああなるほど。この体操はたしかに肩甲骨を動かしますね。そういう効果もあったんですね。灰谷さんみたいに成人男性で身体がしっかりしている人だからできる方法もあれば、それほど身体がしっかりしていない人でも子どもでもできる方法もある。それぞれが無理のない方法を考案するのも大事ですね。とにかく肩甲骨を動かせるようになる方法を身体に合わせて編み出していくといいですね。私だったらどうするかな？『芋づる式に治そう！』で栗本さんに教えてもらったゆらゆらの体操でもいいし。

それに……そうだ！　両腕をぐるぐる根元から大きく回しても肩甲骨まで動きますよね。

さらには鎖骨も動きますね。腕の付け根は鎖骨なんです。

＊『芋づる式に治そう！』
栗本啓司＋浅見淳子＝著より

ああなるほど。

そして鎖骨あたりは恐怖麻痺反射で固まったりしやすい部分です。

そうすると恐怖麻痺反射は腕の動きにも影響しているのですね。まあ考えてみれば当然ですが。

そして最初のお茶碗とお箸の図に戻りますが、これは手の発達をも示しているんです。お茶碗を持つこの手の動き、これは「回外」と言うんですが、手だけではなく腕（肘）が発達してないとできない動きなんです。

恐怖麻痺反射で背面が固まることは、

- 目の見え方
- 呼吸
- アレルギー
- 排泄
- 情緒

と色々なところに関係しているんですね。逆に言うと、背面を弛めると一挙に色々な困難が解決していく。これも身体アプローチのいいところだと思います。

肩甲骨はもちろん姿勢にも関係あるし、手先の動きにも関係があります。手首の続きには肘があり、肘の続きには肩甲骨があるでしょう。根元である肩甲骨が動かないと筆圧コントロールも難しいんですよ。

肩甲骨が動いてないなあ、という目安はありますか?

腕が肩より上に上がりにくい、ボール投げが苦手、ブランコを漕ぐのが苦手など腕や手を使うことに興味を持たない、という特徴を持つ子たちは肩甲骨が動いていない可能性が高いです。手を使うことがしんどいんですね。肩甲骨が動くことを覚えた子は面白いから使うんです。

・原始反射の残存により、背面が固まっていることで、様々な困難が生じる。実は学習障害につながるような目の見え方もその影響を受けている。

二大反射（恐怖麻痺反射とモロー反射）と見え方

ここまで見てきたように、原始反射は、赤ちゃんが生まれてすぐの期間を生き抜いていくために、また人間としての生活の基盤となる発達のために備わっています。運動だけでなく、学校で学んだり、仕事をしたりする上で必要となる色々な身体の動きの基礎となるものもあり、生後二年くらいでその役目を終えると自然になくなるのが、本来の働きです。

そしてこれまでご説明してきた恐怖麻痺反射と「モロー反射」（↓174ページ参照）と呼ばれる原始反射が二大反射と呼ばれています。

なぜ恐怖麻痺反射とモロー反射が二大反射なのですか？

恐怖麻痺反射かモロー反射が残存していると、他の反射も残存したままになっています。この二つの反射が発達統合していかないと、他の反射の統合も進みにくいので、この二つを統合させることが発達全体の土台を作ります。

逆に言うと、その二つの統合が進むと他の原始反射の統合も進みやすいということですか？

原始反射は生き残りのためにあるので、生き残りを優先すると発達の流れをダムのようにせき止めて水を貯めることになります。下流には水が流れないようになり、川としての能力の制限が起きます。生き残りの水確保を優先するんですね。

恐怖麻痺反射とモロー反射は二大連続ダムになっていて、このダムでせき止めていると、下流のそれぞれの支流にある原始反射のダムにまで水が流れないのです。ですから、下流のダムに水を流そうとすると、まず恐怖麻痺反射とモロー反射の門を開放する（統合する）ことが大切になります。

なるほど。

ところが、何らかの理由によってこの反射を保持したままになっていると、「目」の発達、つまり視覚・ものの見え方にも大きな影響を与えます。例えば本を読むことが難しいお子さんには、原始反射の保持による目の問題が考えられます。

その原因の一つになりえるのが、二大反射、すなわち恐怖麻痺反射とモロー反射なのです。

具体的にどういう動きをする反射ですか？

モロー反射は自分を守るための反射です。自分の身体を守るため、何か刺激があると、頭を後ろに反らして、腕を広げ、大きく空気を吸います。その後前方へ丸くなります。

モロー反射

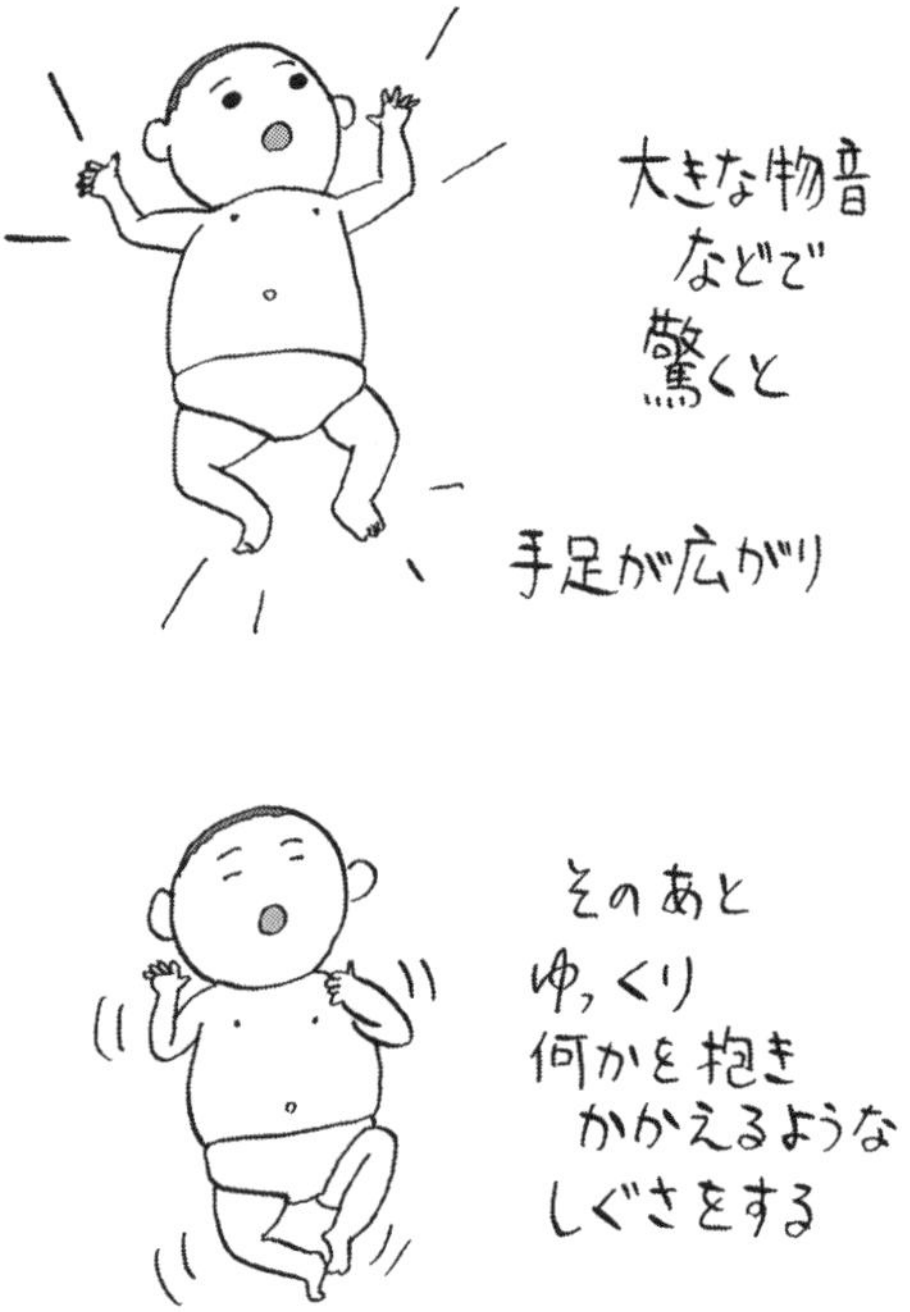
大きな物音
などで
驚くと
手足が広がり
そのあと
ゆっくり
何かを抱き
かかえるような
しぐさをする

赤ちゃんには、自分の周囲の状況が危険かどうかを理性的に判断するための「論理脳（人間脳）」はまだ発達していません。そのために、感覚的に察知した危険に対応できるように準備をしています。この時期の赤ちゃんに刺激が加わると、モロー反射が「警報」のような役割をして準備をします。それがモロー反射の役割です。

通常生後六か月程度で統合することになっていますが、残存していると、たとえば小学校で列に並んでいてもびっくりすると隣の子をバンと叩いてしまうこともあります。これは殴っているつもりではなく、モロー反射があると腕が広がってしまうだけなんですけど、他害と判断されつらい思いをすることになります。

モロー反射があると過敏性はありますか？

多くの人にあります。

だったら余計「過敏な子」とだけ対応されてしまいそうですね。でもそれでは十分じゃない。「回数券を使い切っていない子」なんだな。原始反射の回数券を。

そのとおりです。そして実はこの反射を保持したままになっていると、一点をじっと見続けることが難しくなる可能性があります。

そうか。何か刺激があると身体が広がってしまうから。

そうなんです。一点に焦点を合わせて見続けることを「注視」といいますが、モロー反射があると目の筋肉が未熟なので一箇所を見続けるのが難しく、視野の中で別のものが動くと本人が意識しないうちに目が動いてしまうのです。特に中心から外側の方につられるように。その結果、多動に見られるんです。そしてモロー反射を保持しているお子さんは「本を読みたがらない」「すぐに他のものに興味が移ってしまう」「話す人のほうを見ることができない」などと言われることが多くなります。

例えば私たちが人のたくさん乗っている通勤電車で立ちながら本を読めるのは、行き過ぎる外の風景や、前に座っている人の仕草や、様々なデザインの広告物などの今の自分にとって必要のない情報を目と脳が自然と「ふるい」にかけて削除し、本という情報に集中しているからです。このような働きをＲＡＳ（脳幹網様体賦活系）と言います。

モロー反射を保持して視覚に影響を及ぼしている場合、視野に入る色々な情報に気が取られてしまい、本来自分が注意を向けたいものだけを見ることが難しく、不必要な情報を無視できなくなります。書いてある文章の意味や細かな内容より、モノの輪郭や形に意識が引き寄せられてしまって、「読んでいるのに読んでいない」というようなことが起こりえます。

私たちは、普段の生活を視覚からの情報に八割以上を頼っているとも言われていますが、このように目（見え方）の発達に影響を与える原始反射は他にもあり、運動の器用さ、人との距離感、先のことを考えて準備する能力、など様々な認知活動にも関係しています。

モロー反射の統合と見え方の変化

動きの発達の講座、まとめのところに出てきた表によると、モロー反射の統合と相同の動きをクリアすることに関連性があるようですね。わかりやすいですね。モロー反射は刺激で広がってしまう反射。そして相同は力を集中することができて初めて可能になる動きですものね。

はい。モロー反射を統合することは相同の段階をクリアすることにつながります。

モロー反射を保持したまま就学したあるお子さんは、黒板の文字が飛び出さなくなったと言っていました。

飛び出す⁉　学習障害の方の体験談を聞いていると「そんな風に見えているのか。それは不便だ」と思わされることが多いのですが、文字が飛び出たらそれはそれは不便でしょうね。

はい。よけないでよくなったそうです。

よかったですね。

そのクライアントはサッカーボールも二つに見えていたそうです。

二つ見えると蹴るの大変ですね。どっちを蹴っていいかわかりにくいですものね。

そのクライアントはまた、やたらとこけたようです。

世界が不思議な場所に見えていたでしょうね。

黒板の文字が
飛び出して見えるので
よけなければならない

なぜ見え方が変わるのか

なぜ相同をクリアすると、あるいはモロー反射を統合すると、見え方が整ってくるのでしょうか?

まず一つ目に、相同をクリアすることで脳の左右の分化が進むことが上げられます。左右の分化とは、左右の脳がそれぞれの役割を果たせるように働きが側性化することなのですが、分化が進むことは同時に、利き手や利き目が確立してくることを意味します。利き手や利き目が決まらない状態のことを「混合利き」といいますが、この状態は動きの発達が、つまり脳の発達が未熟な段階です。相同の段階をクリアしていなくて、利き目が決まっていないと両目を使うことも難しくなる可能性があります。

二つ目に、目も筋肉で動いているので、本を読む時など近くの距離を見る時のような目の使い方をするためには、相同性と同側性を卒業して対側性で動けないと、ピントが合いません。すなわち、両眼視、立体視ができません。ですから、モロー反射が残ったままのお子さんは遠くから近くに目を寄せる動き(輻輳)や一点を見続ける(注視)のが苦手になります。

三つ目に、生き残りの反応です。モロー反射が残っていると身体も心も「闘うか逃げるか」というストレス状態に入りっぱなしになります。草食動物の鹿が、肉食動物の虎に狙いを定められているような状態を想像してください。このような状態だと、最大に光を取り入れ周辺の危険を直接察知するために目の瞳孔を拡張させますので、学習のために近くや身体の中心に目を寄せることよりも、周辺部で動くものに注意が行きます。本を読むために目を使うことができません。モロー反射を持っている人は光への過敏が高く、眩しくて外出するようなときなどサングラスがないとしんどい人もいます。モロー反射を卒業すると、上記の目の動きが改善されて、学習への準備が整い、教室の中のような距離で目が使いやすくなります。

また、モロー反射が残っていると動眼神経の発達に影響が出ると言われています。動眼神経というのは、文字通り目を動かすことに関わっている神経ですが、それ以外に、まぶたを動かすことにも関わっています。まぶたをいっぱい開くことで、目で相手に何かを伝えたり、アイコンタクトをとったりすることができます。一方で目を細くして見るということは、高度な大脳新皮質（人間脳）からの制御があって初めてできることです。またリラックス状態の目は毎分十〜三十回くらい軽く瞬きをしていて、それによって潤い洗浄されています。自然なまばたきがなされず、凝視しすぎる習慣があると、焦点を合わせ直すような目の使い方が難しいです。モロー反射を持っている人には軽く自然なまばたきをするのが難しいと感じる人がいて、他者からは目が鋭いと言われたりします。

呼吸できていますか？

呼吸もスペクトラム

ところで灰谷さんは発達のピラミッドで一番下の土台に「呼吸」を置いていらっしゃいますが、呼吸は生命にとって一番ベーシックな不随意運動ですよね。だからそもそも、病気のない状態で「呼吸に困難を抱えている」という状態は想像しにくいです。でも「呼吸がうまくいっていないから発達がうまくいっていない」というケースがあるのですね？

呼吸は生き残るための最低限の生命活動ですが、生き残るための呼吸とパフォーマンスを発揮するための呼吸は違うのです。

なるほど。

発達のピラミッド（→22ページ参照）が示すように、上位の発達は下位に依存しています。そして呼吸は一番下で発達を支える土台になっています。呼吸が浅いまま発達を促そうと思っても時間がかかります。

なるほど。つまり「呼吸する能力もスペクトラム」なのですね。そういえば栗本さんも『治ってますか？ 発達障害』の中で、著者の南雲さんが青春時代に学習障害の二次障害で強迫性障害に苦しんだ体験について、こう説明していらっしゃいましたね。

胸が狭まって呼吸がしづらくなっている状態だとエネルギーが頭の方にいってしまうことがあります。それで「頭の使いすぎ」になることがあります。胸が狭まってしまうと息苦しいから動きたくなるんです。動ければいいんだけど動けないと頭に行くんです。頭で運動しちゃうと不安になる。強迫的になることもあります。

（『治ってますか？　発達障害』南雲明彦＋浅見淳子＝著／１３６ページより）

つまり栗本さんは、呼吸の浅さとメンタルの状態の関連を指摘していますね。

灰谷さんのやり方も僕のやり方も大事にしているところは同じで、こうやって様々な実践家が観察と成果を持ち寄ることにより、見方が増えるということだと思います。肩甲骨を弛めることは僕も実践の中で大事にしていますが、それは呼吸がより深く入るようになるためでもあります。

そしてこの場合だと、強迫的になる方には呼吸の問題があることに栗本さんは気づかれていて、それを背面を弛めるアプローチで改善してきた。そして灰谷さんはそこに原始反射という視点を持ち込まれているわけですね。

はい。原始反射が残存していると、感覚や動き、発達全体に影響があるんです。呼吸がうまくいかないことの影響はそこにとどまりません。人間は呼吸で体内の毒素を出しているわけですから、例えばアトピーなどのアレルギーにもつながる可能性があります。

原始反射の統合が進んで呼吸がうまくいくようになると、発達だけではなく他の問題も改善・解決していくかもしれませんね。

・呼吸は発達を一番底で下支えしている土台である。原始反射の残存で、呼吸がうまくいっていないこともある。

パフォーマンスのための呼吸ができているかどうかのアセスメント

普通人間は生存しているので、最低限の呼吸はしているので、「うちの子呼吸できていないわ」とは気づきにくいと思います。きちんと呼吸ができているかどうか、何かご家庭でもできるアセスメント方法はありますか？

子どもの年齢発達段階にもよりますが、風船をふくらませられるかどうか見るといいですね。あとワークショップでよく体験してもらうのですが、手のひらを口の前に出して、温かい息がかかるように「はぁー」と吐いてもらって、その次に冷たい息になるように「ふぅー」と吐いてもらいます。これが、通常は無意識でできるのですけれど、どのようにしてそれを行っているか、を説明することは難しいです。

たしかに。自然にその二つの呼吸が使い分けられますね、私たちは。

実際には、喉（気道）や口の大きさを筋肉でコントロールしてそれをしているのですが、それには固有感覚が必要です。なぜなら喉の筋肉って見えないですから。

ということはその使い分けが難しい方がいるのですか？

はい。恐怖麻痺反射が残存しているお子さんの中には、固有感覚が弱い関係で、気道の広さの調整がしにくい人もいるようです。肺には筋肉はありません。だから肺だけでは呼吸が出来ません。周りの筋肉が動いて、呼吸ができるようになります。そして発達に重要なおなかでの呼吸がしっかりできるようになるには「横隔膜」という筋肉がしっかり発達することが大切です。子どもはまだここが未発達なのでよくしゃっくりを起こしますね。前章でも述べたように、原始反射が統合していかないとインナーマッスルの発達が遅れます。そして横隔膜もインナーマッスルですので、働きにくくなります。

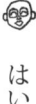

ああ、子どものときにはしゃっくりよくしたのに大人になってからはほとんどしないのは、横隔膜という筋肉が発達したからなんですね。でもたとえば、腹筋とか背筋とかは外からでも鍛える方法を思いつきます。それに対し「横隔膜を鍛える方法」ってちょっと思いつきません。だからこそ、固有受容感覚を育てることが必要であり、それには恐怖麻痺反射を統合することが近道なわけですね。

はい。原始反射が残っていると、誕生日のろうそくの火を消すときに「はぁー」となって、息が弱くて消せなかったりします。そしてそういうお子さんは、運動しても伸びないんですね。だから、呼吸から土台を作る必要があります。

そして第一講座で詳説した動きの発達の面でも、呼吸がきちんとできていないと遅れが出るんです。

・運動や身体アプローチを導入しても効果がはかばかしくないときには、呼吸がうまくいっていないのではないかという仮説を立ててみるのも役に立つ。

呼吸の妨げになっている原始反射は何か

呼吸の妨げになっている原始反射は何ですか？

二大反射、すなわち恐怖麻痺反射とモロー反射です。

通常子どもは、喃語から始まって、大声を出して叫び、笑いながら呼吸を覚えるんですけど、恐怖麻痺反射とモロー反射を持っていると呼吸を止めやすくなります。また呼吸が日常的に浅いんです。

なぜ二大原始反射があると呼吸が止めやすくなるのですか？

人間には、肺に酸素がいっぱい入ると自然に息を吐きたくなって、吐ききると自然に吸いたくなる「反射」が備わっています。これを肺伸展反射というのですが、この反射があるから、普段、「息をそろそろ吸わないと」「息を多めに吐こう」などと考えなくても自然に呼吸ができます。

それは原始反射ではなく、大人になっても必要としている反射ですね？

健康的な生活のために日常的に必要な反射があります。呼気に関するへーリング・ブロイウェル肺伸展反射もその一つです。原始反射を卒業することで、より高度な脳が働きより良い生活に必要な「反射」がしっかりと育ちます。例えば、転びそうになったときに自動的に手をつくような動きは「パラシュート反射」と呼ばれていて、この反射があるからとっさのときに考えなくても手をついて私たちの身体を守ってくれています。原始反射が残っているとこの反射が上手く機能しないために、手をつくことができません。モロー反射が残っている場合には、バランスを崩すと手が大きく広がってしまうために、何度注意しても手を付けず、顔を強く打ち、歯を折ったりします。

大人になっても必要な反射はある。それに対し原始反射は「胎児期・乳児期の生き残りのために必要とし、時期を過ぎてもそれを保持しているとより高次な脳の発達の妨げになる可能性がある」わけですね、なるほど。

では原始反射の二大反射はどのように呼吸の邪魔をするのですか？

まず恐怖麻痺反射は「引き込み反射」なので、引いて固まるのです。ですから呼吸も吸って止まります。恐怖麻痺反射を残存している人は、吐くのが苦手な傾向があります。

モロー反射は、誕生の時には呼吸を促し窒息の危険があるときには気管を開くのに役立ちます。モロー反射が活性化していると、吐いてとめる癖がつきます。吸うのが難しいと感じたりします。

この二大反射が残存していると、呼吸の機能が十分に発達しないまま止まっているので、吐く息も弱々しかったりします。

では呼吸がうまくいっていないなあ、と思ったら恐怖麻痺反射とモロー反射の統合をしてあげるといいのですね。

はい。たとえば親御さんがお子さんの足裏やふくらはぎに「もまない」マッサージをしてあげることで、親子ともに呼吸がラクになったケースもありました。親御さんの呼吸がラクになると、親御さんのメンタルもラクになります。

そうするとお子さんもラクになりますね。

・恐怖麻痺反射、モロー反射の統合で発達の土台である呼吸がしっかりしたものになる。

呼吸のための遊び

はい。この場合は恐怖麻痺反射を統合して呼吸がラクになったケースですが、他にも方法はあります。

たとえばどのようなものがありますか？

ブレインジム（brain gym®）に「ベリーブリージング」という手法があります。おへそを押すようにしながら大きく息を吐くんです。これは、固まった横隔膜を開きます。より深い呼吸ができるようになります。

これを子ども向けに応用すると、次のような遊びが考えられます。

- 風船をふくらませて飛ばす。
- 風船が落ちないように、落ちてきた風船に息を吹きかける。
- ろうそくの火を吹いて消す。
- 吹き戻しで遊ぶ。
- ストローで、小さなふわふわの玉を吹き飛ばす。
- ティッシュめがけて思い切り息を吹きかけて揺らす。

ぷぅ〜
風船を
ふくらませて
飛ばす
フーッ
ティッシュめがけて
思いきり息を吹きかけゆらす
フーッ
ろうそくの火を吹いて消す
シャボン玉は
呼気の弱い子におすすめ

なるほど。遊びの中に思い切り呼吸することを採り入れるのですね。シャボン玉なんかはどうですか？

ろうそくの火は消せない、風船ふくらませられない、吹き戻しも難しい、というお子さんもいます。呼気が弱いんです。そういう人にはシャボン玉からおすすめします。そしてそういうお子さんはふだんからシャボン玉で遊ぶのが好きだったりするのです。

なるほど！　お子さんはやっぱり、自分の課題を自分で知っているのですね。

・ふくらませる遊びは呼吸のトレーニングにもなっている。

口の反射と呼吸

中には二大反射に加え、口の反射 （↓187ページ参照） が強くて、口がゆるいお子さんもいます。よだれがだらだら垂れていたります。

口にも反射があるのですね。

口にも、首にも、足にも原始反射があります。口の原始反射は赤ちゃんが生後四か月まである反射で、乳を飲み生き残るために必要な反射です。けれども必要な時期を過ぎてもこの反射が残存していると、口が締まりにくくなり、呼吸に影響していきます。ある口の反射を残しているこのお子さんとは、三十分くらい吹き戻しのぴろぴろで遊びました。そうしたら、帰ってからいつものよだれや食べこぼしがかなり減ったと親御さんからご連絡がありました。

やはり回数券を使い切らさせてあげたんですね。吹き戻しのぴろぴろで。「口を閉じなさい！」とか何度も叱っても効果がないだろうけど、ぴろぴろで回数券を使わせてあげるほうが親子とも楽しそうです。

・口にも原始反射がある。乳を飲み生き残るための反射。それが残存していると呼吸がきちんとできないことがあるので、遊びの中で使い切らせてあげるといい。

足と発達

足の機能もスペクトラム

さて、これまで

・恐怖感
・見え方
・呼吸

って実は相当個人差があって、それが発達に結びついている、ということを見てきました。

そしてそこに原始発達が統合されているかどうかがかかわっている、という話をしてきました。

・恐怖感は個人差がある。
・見え方にしても視力検査では測れない見え方の違いがあってそれが学習障害等に結びついている。

・生存のための非常にベーシックな活動である呼吸でさえ実はきちんとできているかどうかはかなり人によって違う。

ならば歩行もそうでしょうね。無意識がしっかり育っていて自然に歩ける人と、それこそ「右・左」と自分に言い聞かせながら歩く人がいる。

ということがわかったわけですね。


足は大事なんです。そして問題は歩行だけではありません。足の状態も発達に影響が大きいのです。ここでは、ふくらはぎと足裏の大切さについてご説明しましょう。

ふくらはぎは人間脳を支える

ふくらはぎって実はね、人間にしかないんです。

そういえばそうですね。犬にも猫にも馬にもないですね。

そのとおりです。同じ哺乳類でも、四足歩行の動物にはふくらはぎはないのです。

たしかに。

そしてね、人間にしかない身体部位は、人間らしい活動に関係しています。人間らしい活動とは何かというと、二足歩行と言語活動です。

なるほど。

ふくらはぎが良い状態であることは、言語能力や豊かな表現力に関係しています。ふくらはぎの状態がよくなると言葉が出てくるし、言葉が出にくいお子さんのふくらはぎをみると、だいたい張っているんです。

張っているって？

硬いんです。またはゆるゆるなんです。ちょうどいい緊張度にしてあげるといいんですよ。ちょうどいい緊張度というのは、普段使わない時は弛んでいて、使うときにはしっかりと働くということです。

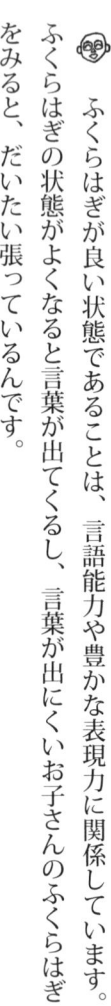

そうなのですか！　それは知らなかった。

・ふくらはぎは「人間ならではの活動」、すなわち二足歩行と言語活動にとって大切な部位。「ちょうどいい緊張度」を保つことが大事。

ふくらはぎの緊張

ふくらはぎが固まるのは、やはり背面を固める恐怖麻痺反射の影響もあるのですか？

はい。恐怖麻痺反射の影響で、ふくらはぎを固めることが多いです。それにモロー反射が常に活性化していて、脳が「闘うか逃げるか」というストレス状態に入ると、いつでも走って逃げられる姿勢を作るために、筋肉に司令を出してふくらはぎや膝の裏を固めます。その結果、脳の言語コミュニケーションを担当する部分にずっと制限がかかっている感じになります。

警戒に脳みその余地を取られてしまうのですね。そして、ふくらはぎをいい状態にしておくためには、何をするといいんですか？

マッサージや足を使った遊びがいいですね。マッサージから入ることが多いんですけど。マッサージといっても、もまないこと。膝裏やアキレス腱を触るといいですね。触るだけがいいです。動かすんだったら足の親指がいいですね。足の親指は、動かすとふくらはぎがゆるむんですよ。

しっかりと足の親指を使って、地面を踏むことや適切なお手当てをすることで、ふくらはぎが弛まります。ストレスもなくなり、言葉のコミュニケーションに関わる脳が活性化するのです。

ふだん無意識に足の指が地面につかず浮いてしまっている「浮き足」という状態の人は、その影響でふくらはぎを固めたり、必要以上に足が太くなったりしやすいのです。足を育てるのは、とても大事なことなんです。

足裏の原始反射も統合にもっていってあげるといいですね。足の裏をきちんと育てる、すなわち足裏の原始反射を統合することは大事なんですよ。

足裏の原始反射

足の裏にも原始反射があるのですね？

はい。プランター反射↓バビンスキー反射という二つの反射があり、その順番で発達します（↓207ページ参照）。

どんな反射ですか？

プランター反射は、お猿さんのように「母体につかまる」ためにある反射です。拇指球あたりに刺激があるとぎゅっと足の指を握ります。これが残存していると、大人でもつねに無意識で足指が丸まるようになり、足裏の発達が未熟になり、ふくらはぎや身体全体に負担がかかります。

あ、そういえば、成人の自閉圏の人たちからそういう話を聞くことがあります。歩くとき足指で地面をつかんでいる、だから疲れる、というのです。どういうことかわからなかったんですが、それも原始反射だったんだ。

でも考えてみると、赤ちゃんがお母さんにしがみつくのは生存する上で正しいですよね。そういう反射が備わっているんですね。

そうですね。そしてやがてはいはいを始めるころには、プランター反射が卒業に向かい、バビンスキー反射がじゅうぶんに活性化してきます。

それはどういう反射ですか？

足裏の縁に刺激があると、まず足の親指が甲側にそり（拇指現象）、他の指の爪が外側に扇のように広がります（開扇現象）。

なんのためにある反射なのですか？

二足歩行の準備として存在しています。特に、凸凹道や坂道などに対応するために。そしてバビンスキー反射が活性化することで、しっかり足で蹴れるようになり、はいはいしやすくなるのです。

ああたしかに。親指に力を入れて地面を蹴って、あとの四本の指が広がると、はいはいで進みやすいですね。地面が蹴りやすい。

そうなんです。そこからやがて二足歩行に発展していきます。

つまり足裏の原始反射は、将来不安定な地面でも二足歩行をするための準備に必要な反射なのです。自然に歩いたり、走ったり、歩きながらバランスを取ったり、凸凹の道を器用に歩けるようになるための足の機能や筋肉の発達を大いに助けてくれるのです。この反射をきちんと使い切らないと、歩行に影響が及びます。そしてそれが前庭感覚の育ちにも影響してきます。

考えてみたら足裏を地に着いて色々な地面に対応することで前庭感覚が育つのは当然ですよね。前庭感覚を育てるのに感覚統合等の療育ではいろいろ大型遊具を使うけど、本当は自分の足で色んな地面を踏みしめて歩き、身体がその都度直立する調整を覚えれば、それが一番自然な発達のプロセスなのですね。

それに足裏の原始反射が残っていると刺激に敏感になるため、床に足を落ち着けて座っておくことに違和感を覚えます。靴を脱ぎたがったり椅子の上に足を載せてあぐらで座りたがったり、座っていられず多動になったりします。

・足裏がきちんと育っている↓ふくらはぎが適切な緊張度になる↓人間脳（言語活動、二足歩行）が育つ。
・足裏の原始反射が統合されている↓はいはいから歩行への移行ができる↓不安定な地面にも立つ調節を覚える↓前庭感覚が育つ。

足裏の原始反射を統合する遊び

足の裏の原始反射を統合するための遊びには次のようなものがあります。

・とにかく裸足で自然な地面（砂、土、草）の上を歩く。
・バランスボードに乗る。
・足のマッサージ。

・足の経絡（つぼ）への手当て。
・竹踏み。
・足の裏を硬いボールでマッサージ。
・あしゆびじゃんけん。
・足でものを掴んで遠くに飛ばす。
・トランポリン。
・木登り。
・のぼり棒。
・鼻緒のあるものを履く。

「生きるための脳」と「人間脳」の距離

さて、第三講座第一部では、

・恐怖感
・見え方
・呼吸
・足の機能

とにかく
裸足で
自然の上を歩く
(砂、土、草)
足裏を
硬いボールで
マッサージ

などが全部程度問題であること、すなわち「できているかできていないかはスペクトラムであること」を見てきました。恐怖感も個人差があるし、視覚障害がなければ一応目は見えているし、生存している以上呼吸は一応できているし、足にも障害がなければ一応歩行の用途には十分です。

でも「人間脳を育てる」ためには、ただ見えているだけ、歩けているだけ、ではなく、人間らしい発達が実は必要である。そしてそれには、「胎児期・乳児期の課題をしっかりとやりきる」こと、すなわち「原始反射の統合」をやりとげることが近道である、という話ですね。

それでは次の部では、学習の土台となる「動きの四発達」と原始反射の関係を見ていきます。どのような原始反射の残存が発達のバリアとなり、その統合を進めるにはどのような実践が望ましいか、そのあたりのご説明をお願いいたします。

［第二部］原始反射を知る

各発達段階に関連する原始反射について知り、対応する

さて、では「動きの発達」と関連する原始反射について、さらに詳しい説明をお聞きし、その対応法を教えていただきたいと思います。

まずは発達の土台である「呼吸」に関連する原始反射について学びましょう。

そしてその後、その土台の上に成り立つ動きの四発達、すなわち

- 脊椎運動
- 相同運動
- 同側運動
- 対側運動

それぞれに関係する原始反射という順番で灰谷さんに解説していただきたいと思います。

わかりました。まず、前章でご説明したように、発達の土台である呼吸には

・恐怖麻痺反射
・モロー反射

の二大反射と、口の反射が関係しています。

動きの発達	関係する原始反射
対側運動	統合された状態
同側運動	非対称性緊張性頸反射（ATNR）
相同運動	モロー反射 対称性緊張性頸反射（STNR）
脊椎運動	恐怖麻痺反射 脊髄ガラント反射 探索反射 緊張性迷路反射（TLR）

そして動きの発達四段階と関連ある原始反射に関してはこのように表にまとめました。

それではまず、恐怖麻痺反射のご説明からです。

なお、各反射について発生・消失の時期には諸説がありますが、どういう発達段階で役立っているか参考になりますので、一応の目安としてここに書いておきます。

反射１

【恐怖麻痺反射／ＦＰＲ（Fear Paralysis Reflex）】

●**期間**

妊娠五週～妊娠九～十二週、誕生時には統合（卒業）

●**刺激と反応**

母体のストレスを感じると全身を固める

●機能・目的

母体のストレスから受ける悪影響から身を守る

●この反射の残存によって影響を受ける身体部位

身体すべての組織、特に背面の筋肉、バランス、視覚恐怖麻痺反射（以下ＦＰＲ）は、受胎後五週目くらいの非常に早い時期に機能し始める反射です。通常、お母さんのおなかから出てくる出生前に統合（卒業）します。受胎後五週目くらいの胎児にはすでに心臓や肺ができ、機能し始めますが、まだ脳と身体の神経がつながっていない状態です。つまり自分の脳神経からの指令によって身体を動かすことはできないのです。

赤ちゃんは、このような状態においても自分が生き残るための機能を持っています。それがＦＰＲです。お母さんがストレス状態になったときに、ＦＰＲを働かせることで、首、肩、体などを固めてストレスの悪影響から自分の身を守ります。

このように赤ちゃんにとって必要で

恐怖麻痺反射
(FPR)

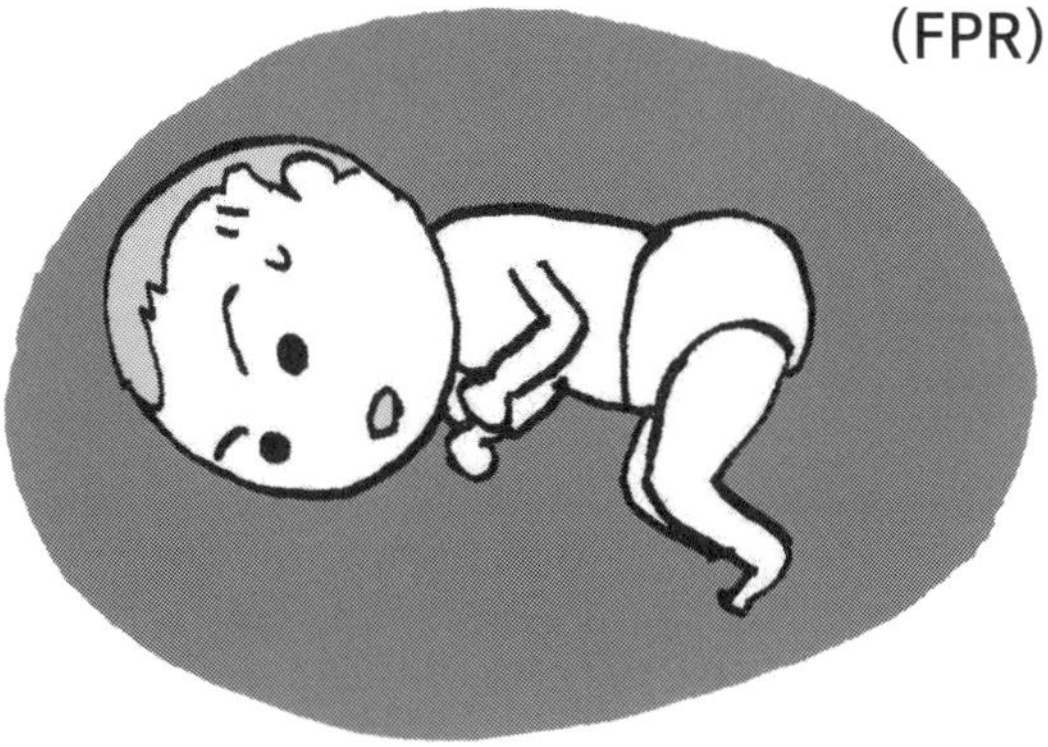

あっても、何らかの理由で必要な時期を過ぎても残存している場合、生きづらさなどにつながる可能性があります。

ＦＰＲが出生後も保持されていることで、全身の様々な器官に影響が出ます。呼吸や筋肉、特に背面の肩や背中、ふくらはぎなどの筋肉を固めます。ですから、ＦＰＲを保持したままの子どもは、多くの場合背面の筋肉が常に硬い状態です。その他にも視覚や動眼神経の発達が未熟になりがちですから、例えば本を読んだり、誰かに視線を集中させたりする「見ること」も難しくなります。

恐怖麻痺反射の残存は性格にも影響します。引っ込み思案、新しい状況や場所で無口になる、いつもと違う状況を嫌がったり対応が困難になる、などの特徴につながります。

ＦＰＲは危険を感じたときに「身を固めて守る」という反射です。ですから、出生後にもＦＰＲを保持していると、引っ込み思案で臆病になり、新しい遊びや活動を避ける傾向があります。そういった活動を強制されると、まるで「フリーズ」したかのように動けなくなり、言葉も出なくなり、他の活発な児童のからかいの対象になる場面も見受けられます。

「固まる」というのは、決して言葉少なに黙りこむような静かな状態だけではありません。新しい場所に行ったり慣れない状況におかれたときや、大きな不安を感じたときには、大声で長い時間泣いたりわめいたりして「動かなく」なることも多いのです。

街中でもお母さんがお子さんを無理に動かそうとしたり、お母さんが大声を出してしまったりして、さらに泣き叫ぶはめになって収集がつかなくなっている様子が見られることがあります。ＦＰＲを保持しているお子さんにはこのような状況がよくあります。

またＦＰＲを保持していると、過敏傾向があるために、人ごみを嫌う、車に酔いやすいなど、さまざまな感覚過敏を持つこともあります。

聴覚過敏等、○○過敏症とつく人は、原始反射の保持率が高いようです。

また、家庭では話すことができるのに、学校や幼稚園などのある特定の状況で話すことができなくなる場面緘黙症、様々な感覚における過敏や鈍麻の場合も、ＦＰＲの保持が考えられます。

ＦＰＲは、全ての原始反射の中で最初に機能しはじめ、最初に統合する反射です。ＦＰＲの統合は、他の原始反射の統合にも影響があり、ＦＰＲを強く保持しているお子さんは、まずあとに出てくる原始反射も保持していると考えて間違いありません。私たちが社会で日常生活を送っていく上で必要な発達の基礎となるのが、ＦＰＲという反射です。

ＦＰＲの保持された状態は、多くの発達障害の方の実像と重なります。そしてこの反射は何らかの物理的な刺激だけではなく「雰囲気」も刺激になり固まるという反射なんですね。

そうなんです。

FPRを保持している方に対する適切な配慮はどういうものか教えてください。

はい。

恐怖麻痺反射を保持している人への配慮

FPRを保持している人への配慮としては

・正面に立たない。
・いきなり目をまっすぐに合わせない。
・失敗するような状況や、集団の前で「恥をかく」ような状況はできるだけ避けられるようにする。
・新しい活動があるときは前もって知らせておく。
・怖がりや臆病をばかばかしく受け取らず、居心地のよくなるように支援する。
・席を後ろや脇にする。
・「ノー」の選択肢を与える（別に参加しなくてもいい、あとでもいい、など）。
・音に敏感なので、話し声のトーンや環境音にも気を配る。

などがあります。

なるほど。それではＦＰＲを統合させるための遊びで、家庭や教育現場でもできることを教えてください。

はい。

恐怖麻痺反射を統合するための遊び

恐怖麻痺反射は、身体的に見ると背面が固まる反射だと思うので、背面を弛める遊びが有効なんだろうなと推測します。だから金魚体操とかもいいと思いますが、他にいい遊びはありますか。

腹ばい呼吸などがいいですね。

【腹ばい呼吸】

一　うつぶせになって寝ます（両手はおでこにおいたり、頭の横においたりラクに）。

二　この状態でなるべくゆったりと深呼吸をします。

三　息を吐くときは、胸が地面とよりくっつく感じ（おなかから空気が出て行きます）。

四　息を吸うときはおなかが地面とくっつきます（空気がたくさん入ってきます）。

腹ばい呼吸

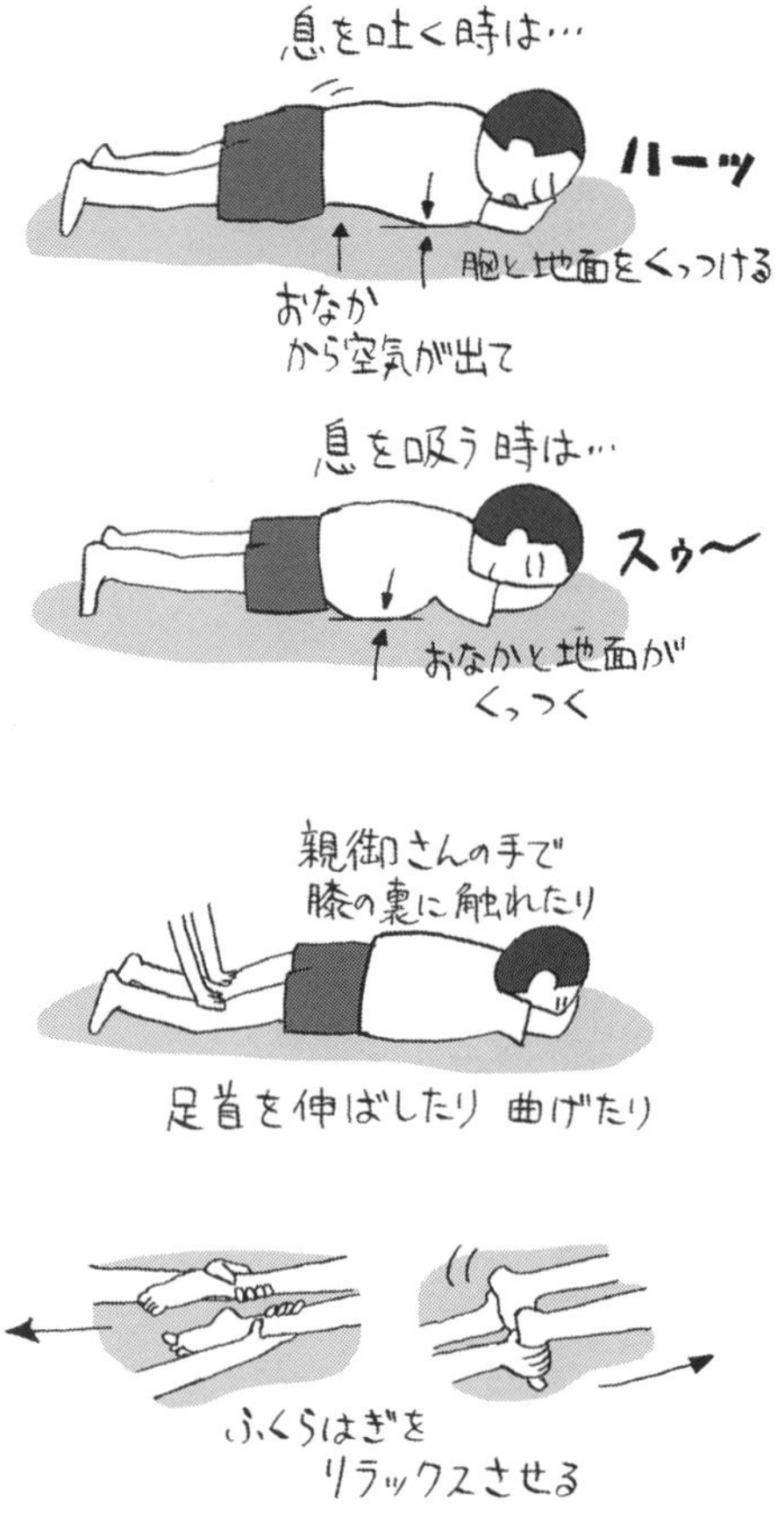
息を吐く時は…
ハーッ
胸と地面をくっつける
おなか
から空気が出て
息を吸う時は…
スゥ〜
おなかと地面が
くっつく
親御さんの手で
膝の裏に触れたり
足首を伸ばしたり 曲げたり
ふくらはぎを
リラックスさせる

これ、『自閉っ子の心身をラクにしよう！』の風船ワークと似てますね。

そうですね。

とにかく身体を弛ませる、とくに背面を弛ませることが恐怖麻痺反射の統合には役に立ちそうですね。

親御さんの手で膝の裏に触れたり、足首を伸ばしたり曲げたりしてふくらはぎをリラックスさせることもいいですよ。

とにかく、一緒にリラックスできる遊びはたくさんありますね。

反射2

【モロー反射（Moro Reflex)】

●**期間**

妊娠二十八週~生後六か月、誕生時に見られる

●**刺激と反応**

頭部に急な動き（頭を後方に傾ける）があると、始めに上（下）肢の伸展・外転。後に屈曲・内転

●**機能・目的**

・誕生時に初めての肺呼吸への切り替えを促し、窒息の危険があるときに器官を開く

・危険を察知したときに自己防衛を行う

●**この反射の残存によって影響を受ける身体部位**

全身の筋肉及び組織。特に感覚（視覚、聴覚、触覚、味覚、臭覚、固有覚、前庭感覚）、運動機能

モロー反射は、受胎後九~十二週目あたりに機能し始め、出生時に完全に現れる反

射です。そして生後六か月くらいには、統合（卒業）することになっています。ですから通常、出生間もなく、赤ちゃんの脳が正常に発達しているかどうかのチェックに使われます。

赤ちゃんには、自分の周囲の状況が危険かどうかを理性的に判断するための「論理脳」はまだ発達していません。

そのために、自分が危険におかれているかどうかを理性的に判断できなくても、感

モロー反射
大きな物音
などで
驚くと
手足が広がり
そのあと
ゆっくり
何かを抱き
かかえるような
しぐさをする

覚的に察知した危険に対応できるように準備をしています。この時期の赤ちゃんにある刺激が加わると、モロー反射が「警報」のような役割をして、（それが本当の危険でないとしても）危険に対する準備をします。それがモロー反射の役割です。

モロー反射は、赤ちゃんの様々な感覚器官にやってくる刺激によって引き起こされます。

例えば、大きな音、明るい光、突然荒っぽく触れること、バランスが崩されるような刺激（例：頭が突然傾く、身体が落下する）などです。

こういった刺激は、脅威や危険への反応としてモロー反射を誘発し、赤ちゃんは自分の身体を守るためのポーズを取ります。頭を後ろに反らして、頭の後ろに腕を伸ばすように手を広げ、大きく空気を吸い、その後前方へ丸くなって足を引き上げ、腕を胸の前で交差させて、大きく息を吐きます。時には助けを求めるような大きな泣き声をあげることもあります。

大きく身体をそらすポーズは、落下から自分の身体を守るためのポーズと考えられています。そのあとに身体を丸め泣き叫ぶのは、お母さんにしがみついて臓器を守るためのポーズだと言われています。

生まれたばかりの赤ちゃんの発達にとって大切なモロー反射も、その時期を超えて生後約六か月以降も保持していると、意思決定や欲求の抑制を行なっている脳の働きに制限をかけます。また、自分では制御しきれないさまざまな過敏反応として現れます。そのため、光、音、肌や痛みへの感覚過敏がよく見られます。ずっと興奮しているような印象を与え、集団行動すること、愛情を受け入れることが苦手なのが特徴です。本当は好きだと思っていても「嫌い」と逆のことを言ってみたり、からかうような態度をとることがあります。

私たちの身体には、「闘争・逃避反応（Fight or Flight）」と呼ばれる反応が備わっています。ピンチや強いストレス状況に出会うと、それに立ち向かうか、走って逃げます。心拍数が増え、血圧が上がり、呼吸数が増えて、筋肉を緊張させるなどの変化が起こります。元々、闘争・逃避反応は、生命に危険を及ぼすような敵の動物に対する反応として大切な役割を果たしてきたと考えられていますが、動物に襲われることがあまりなくなった私たちにも残っており、日常生活においてもこの反応が見られます。車を運転中に後ろの車がぴったりと追いかけてくるようなとき、新しい学級や職場、引越し先で周りの人の様子をよそよそしく感じたり、自分の考えをことごとく否定するような人がいたりしたときなどです。このような状況が差し迫ると闘争・逃避反応がおこり、血液中にアドレナリンを放出してこの状況から逃れるか、立ち向かうためのエネルギーを作り出します。つまり、危険を感覚で「察知」したときに、それに対する準備として身体におこるのが闘争・逃避反応です。

モロー反射を保持したままの人は、感覚の過敏傾向にあるために、脅威や危険に対して敏感で、必要のないときにまで闘争・逃避反応を起こしている可能性があります。

そのため、すぐ攻撃的になる、過剰反応する、感情が高ぶりやすい、静かに休むのが苦手、リラックスできない、などの特徴が見られます。立ち向かうか避けるか、という「生き残り」の反応です。

このような状態が続いていると、場の雰囲気や人の心の機微を捉えるための知覚や感受性が損なわれていて、学校や職場、皆で遊ぶなどの集団性や社会性が求められる場面で苦労しているかもしれません。

モロー反射を強く保持している人への対応

モロー反射を強く残している人への対応は、非常に難しい場合があります。

優しい性格で賢く、創造的なところはあるのと同時に、ときに過剰に反応したり、攻撃的だったりわがままだったりする一面も持ち合わせているため、その予期しにくい変化の速さにご家族や身近な人が振り回されるからです。

また、モロー反射が常に活性化されていると、副腎という様々なホルモンを分泌する器官に何度もスイッチを入れるため、副腎を過剰に働かせすぎて、副腎疲労を起こす事も考えられます。副腎は、私たちの健康を保つための免疫系機能に重要な役割を持っていますので、副腎の機能低下のために、糖尿病などの慢性疾患や、喘息や花粉症などのアレルギーを経験しているかもしれません。

統合遊びを続けることによってモロー反射の統合が進むと、感情や振る舞いに変化が見られることがよくあります。

（脳やホルモンのバランスをとることで、感情が一時的に浮き沈みすることはよくあることです。原始反射を統合する過程では、このような状態も通過点なのですが、万が一誰かが傷つくような状態や、生活に支障をきたすことがありましたら一度取り組みを中断して、専門家に意見をきいてください。）

モロー反射統合の遊び

モロー反射はびっくりするように身体が開いて後ろに反り返り、そのあと前に丸まるわけですね。ということはこれを統合（卒業）するには、そういう動きの回数券を使い切らせてあげるといい、というのが基本的な発想ですね。

そうです。原理はそれです。

そういう動きを取れる遊びならいいわけですね。

そうです。具体的な遊びを二つご紹介します。

【ヒトデのポーズ】

一　椅子やバランスボールの上に座る。

二　足首と腕を身体の前でクロスし、重ね合わせる（足と腕は同じ方を上にする）。
三　息を吐きながら両手両足を大きく広げる。このとき首をしっかり後方に反らす。
四　息を吸いながら両手両足を元に戻しクロスする（このとき、両手の重ねる向きを入れ変えて、首をしっかり中に入れる）。
五　満足するまでやりきる。
＊参考動画　http://genshihansha.jp/genshihansha

この遊びは、まさにモロー反射のまんまという感じですね。これが「回数券を使い切る」ということなのですね。これからご紹介する反射それぞれについても、その動きを知り、「使い切る」という発想をすれば、その人なり、その環境なりに可能な遊びをどんどん思いつきそうですね。

【ブリッジ】

一　仰向けに寝る。
二　胸の前で合掌し、両手を押しあう（全力の半分くらいの力で）。
三　背中を反らして浮かし、ブリッジのような姿勢で七秒間息を吐く。
四　満足するまでやりきる。

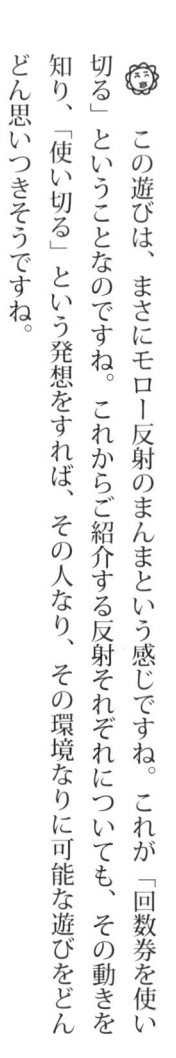

反射3

【緊張性迷路反射／ＴＬＲ（Tonic Labyrinthine Reflex）】

●期間

前方ＴＬＲ：妊娠十二週間～四か月

後方ＴＬＲ：誕生時～三歳

ブリッジ
胸の前で合掌
半分の力で
両手で押し合う
満足するまで
やりきる

●刺激と反応

前方ＴＬＲ：仰向けで首を後ろに傾けると上下肢が伸びる
後方ＴＬＲ：うつぶせで首を前に傾けると上下肢が屈曲する

●機能・目的

バランス・筋緊張度・感覚が鍛えられる
正しいはいはいの姿勢を取る助けになる

●関連身体部位

全身の筋肉全てに影響。とくに首・肩のあたりと腰・お尻や胴の大きな深部筋に関連している。

ＴＬＲは、私たちの空間位置、バランス、運動に関する内耳の感覚機能である前庭機能に大きく関わっている反射です。前後と上下二つの方向の感覚に関わっています。後方ＴＬＲが十分に機能せず、前方ＴＬＲを保持している子どもは、ふにゃふにゃしていて、体の軸がないような感じになります。

前方ＴＬＲの屈曲が見られない状態では、子どもたちは運動の際にぎこちなくて、身体が硬く、不器用な様子が見られます。

定型に発達すると前方ＴＬＲは生後十二か月くらいに統合＝卒業しますが、統合されない場合にはバランス能力に影響を及ぼし、発達を妨げる要因になります。視覚機能を含んだ他の感覚機能の発達を妨げることにもなりえます。

TLRを保持している子どもたちは、歩き始めるときに、空間、距離、奥行き、早さ、を認識して安全・安心して歩くことが難しいと感じます。

机に座って机の上のノートを見て座るという通常の学習姿勢で集中することが、TLRを保持している子どもには難しくて、とても居心地の悪い状態です。

机に向かって座ったとき、子どもたちは、この居心地の悪さを解決するために椅子

緊張性迷路反射（TLR）

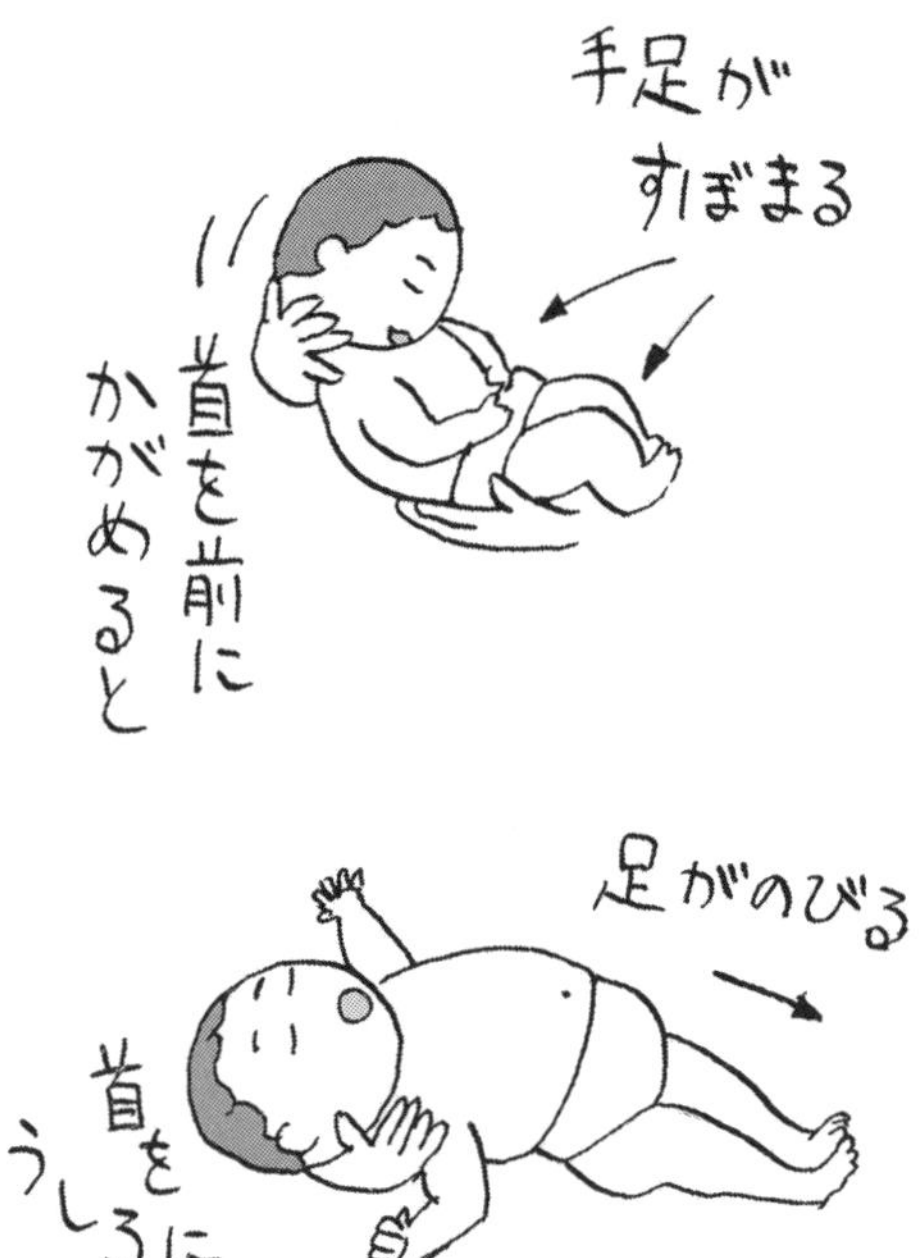
手足がすぼまる
首を前にかがめると
足がのびる
首をうしろにやると

の上であぐらを組んだり、くねくね左右に動いたりしますので、そのために集中力が欠如していたり多動だと見られることがあります。

小学生くらいの子どもだと、ウォーキングや水泳などの手足を同時に動かす動きがＴＬＲの発達と統合に役立ちます。

こういった子どもたちは、ときどき発達性協調運動障害と診断されたり、動きのぎこちなさを他の子どもたちにからかわれたりすることがあります。

このようにＴＬＲを保持したままになっていると、動きに関する課題を持ちやすくなります。ＴＬＲを統合すると、ケンケンやボール遊びなど全身を使った協調運動のぎこちなさの改善が見られます。階段を昇り降りしたり走ったりなどの日常動作も、よりスムーズになります。机に向かって作業・学習するときの集中力を高め、机にぐったりと倒れこむようなことが減ります。

運動機能と学習機能のリンク

なるほどこのあたりが、運動機能と学習機能がリンクしているところなのですね。姿勢や視線が実は学習には大事であるということを昔の人は知っていたから、そのあたりを厳しくしつけた。凸凹のある子には、それが難しい。発達の遅れやヌケがあってそれが難しい人に「配慮しよう」というのも大事ですが、原始反射に注目してそれが根本的な改善をみるのならそれも本人のためだと思います。

ところで緊張性迷路反射の「迷路」ってなんですか？

迷路とは、前庭覚を司る内耳の器官のことです。

なるほど。後ろにひっくり返ったり前に丸まったりするＴＬＲを経て人間は身体に前庭覚を入力し、その入力に合わせることで適切な筋緊張度を自然に身につけ、重力とのおつきあいを覚えていくのですね。

はい、そうです。そしてこの反射はモロー反射とセットになっていて、モロー反射の発達と一緒に発達していきます。だからＴＬＲも含めて、三大反射と呼ぶこともあります。僕自身も幼稚園などの実践現場では、就学までにこの反射をしっかりと統合することを全体的には最低限の目標にしています。

ここを統合しておくことが学習の土台につながるからですね。

そうです。ＴＬＲが残っていると、体幹をまっすぐに維持することが難しいですから。でもまっすぐに座っていなければいけない場面に出会うと、子どもたちは様々な工夫をするんですよ。

工夫とは？

肘をついたり、手を太ももの下に挟んだり脚を椅子の脚に絡ませたり、足同士を絡ませたり、椅子の上に正座したりあぐらをかいたり。

ああ、あれは、体幹をまっすぐに維持することができないときの代償行為だったのですか。

そうです。でも身体が整うと、普通に足を地面につける座り方がラクになるのです。身体が整わないまま無理に良い姿勢を取り続けると、エネルギーをそっちにとられます。授業に集中できません。だから小学校入学前にＴＬＲを統合することを目標にしているのです。

なるほど！　ではＴＬＲの統合に役立つ遊びを教えてください。

緊張性迷路反射を統合するための遊び

【ヒトデのポーズ】

・モロー反射の項と同じ。

【ペアストレッチ】

一　二人で背中合わせに立つ。

二　二人とも頭の上に両手を伸ばす。

三　左の人は完全に身体をリラックスし、右の人は左の人の手首を持って前屈する。

四　交代しながら満足するまでやりきる。

反射4
【探索・吸啜《きゅうてつ》反射（Rooting and Suck Reflex）】

●**期間**

妊娠十七週間〜四か月

●**刺激と反応**

探索反射：唇や頬を刺激するとそちらに頭を向ける
吸啜反射：唇や口の中に置いたものを吸う

●**機能・目的**

・生後二〜三か月乳をのみ生き残る
・発声機能の土台
・嚥下機能の土台

●**関連身体部位**

探索反射：首と口の筋肉すべて
吸啜反射：舌骨及び頬と顎の筋肉

探索反射

赤ちゃんの
口のまわりに
ふれると
ふれた方を
向く

呼吸と関連が深いという口の反射ですね。たしかに、お乳をのみ生き延びるためにはこういう反射が必要ですね。でも時期を過ぎて残存していると呼吸に影響してくるわけですね。

そして『続々 自閉っ子、こういう風にできてます！』（岩永竜一郎＋ニキ・リンコ＝著）に詳しく書いてあるとおり、実は自閉圏の人の場合、嚥下機能も困難なことがあるようなのですね。でもそれも理由があったんだなあ、という感じです。

この反射の統合の遊びは、前章の呼吸の遊びを見ていただければいいと思うのですが、他にこの反射が残っているお子さんに接するときのヒントはありますか？

はい、ガムを許可したり、口を使う楽器や歌うことを勧めるといいですね。それと人によっては顔のマッサージをとても喜びます。

反射5

【脊髄ガラント反射（Spinal Galant Reflex）】

●**期間**

妊娠二十週目〜五か月　誕生時に見られる

●**刺激と反応**

腰周辺の外側三センチあたりを上下にこすると刺激された方向に体幹部が曲がる

●**機能・目的**

・前庭系を発達させる
・音伝導（胎内で脊椎からの振動を耳に送り聴覚を育てる）
・産道を通り抜けられるよう手助けする
・固有受容感覚の発達を促進させる

・脚と体幹部の協調性を高める

●関連身体部位

腰・臀部・骨盤あたりと足の背面の筋肉

脊髄ガラント反射は、赤ちゃんが産道を通ってくるときに必要なお尻の動きを助けるために存在しています。

腰のあたりの脊髄の片側（背骨から三センチあたり）をなでると、同じ側のお尻が持ち上がったり、同じ側に脊柱が曲がったりします。この反射を保持しているとき、脊髄周辺への刺激によって引き起こされる反応の一つが「排尿」「排便」です。

通常の時期を過ぎて脊髄ガラント反射が保持されていると、服が触れるなど、腰のあたりへのほんの軽い刺激によって常時反射が引き出されているかもしれま

脊髄ガラント反射

すっと ふれると
お尻が横に動き
ちょろっと もれてしまう

せん。教室でも、椅子の背もたれやズボンのウエストゴムなどで刺激されます。そして、そわそわもじもじ動いて、つねに身体の位置を変えることになります。このように背中に恒常的に刺激物があることが、集中力や短期記憶に影響を及ぼし、トラブルの原因になり、座った姿勢を維持することができない場合があります。良い姿勢を保つために必要な「姿勢反射」の発達に影響があることもあるからです。

膀胱排尿反射を含む神経系の働きにより、脊髄ガラント反射を保持している子どもたちは排泄のコントロールが難しい傾向があります。寝ている時には、敷き布団やシーツによってこの反射が刺激され、様々なおねしょ防止対策にも関わらず、意図しない排尿反射を引き起こし夜尿を続けてしまうことになります。

また、脊髄ガラント反射が片方に大きく存在しているとしたら、姿勢と歩き方に影響が出る可能性があります。そして、足を引きずるような兆候があったり、ときに脊柱側湾症の一因になったりします。

また体幹部（胴体）と下肢部（脚）を別々に動かすことが難しくなり、慢性的な腰痛に悩まされたり、ぎこちない動きの原因になったり、聴覚的、視覚的な課題を抱えたりする可能性もあります。

脊髄ガラント反射がある人への配慮

なるほど。シーツが腰部への刺激となって排尿行為が引き起こされ結果的に「おねしょがいつまでも治らない」ことになってしまう。だったらがみがみ叱ってもかわいそうですね。この反射を保持しているお子さんへはどういう配慮をすればいいですか？

この反射が活性化している子どもへの配慮としては

- バランスボールや背もたれのない椅子を用意する。
- 十分おきくらいに立って、軽く動く。
- 授業や行事前にトイレに行けるように配慮する。

などが考えられます。

統合のための遊びを教えてください。

脊髄ガラント反射を統合するための遊び

【雪の妖精】

一　仰向けに寝る。
二　手と足を大きく横に広げる。
三　もとに戻す。
四　満足するまでやりきる。
＊参考動画　http://genshihansha.jp/genshihansha

【後ろでクロススクロール】

一　立つ。
二　身体の後ろで右手と左足をタッチ（膝だけではなく足の付け根から曲げる）。
三　身体の後ろで左手と右足をタッチ（膝だけではなく足の付け根から曲げる）。
四　交互に繰り返す。
五　満足するまでやりきる。

反射6

【対称性緊張性頸反射／STNR（Symmetrical Tonic Neck Reflex）】

●**期間**

誕生時には見られない。生後六か月～十一か月

●**刺激と反応**

・首を前に曲げると、上肢が屈曲し下肢が伸展する

・首を後ろに曲げると、上肢が進展し下肢が屈曲する

●**機能・目的**

・腹ばいから四つ這いに姿勢変換する際に必要

・すべての原始反射の発達統合を図る

・姿勢反射の出現・発達統合を促す

●**関連身体部位**

あらゆる身体組織と筋肉、特に目が関連する

STNRは出生後の六～十一か月に見られる反射で、手とひざを使ってはいはいすることへの踏み台になる反射です。赤ちゃんが四つ這いになっているときに、頭が後

ろに反ると一緒にひざが曲がり腕が伸びます。逆に、頭が前に（胸の方に）曲がると脚がぴーんと伸びて腕が曲がります。

ＳＴＮＲは原始反射の次にやってくる姿勢反射に分類することもあります。姿勢反射というのは、私たちが通常に立ったり座ったりしているときに全身の筋肉が適度に緊張し、バランスを自動的にとってくれている反射です。つまり、姿勢反射があるがゆえに、私たちは、立つことが自然に、無意識にできています。

ＳＴＮＲが発達しない、または残存していると、まず、姿勢の問題につながります。ひどく猫背だったり、逆に背中を反らし過ぎたりすることになる場合もあります。

次に目の問題、特に遠近調節視覚の獲得に遅れが出ることがあります。例えば

対称性緊張性頸反射
(STNR)

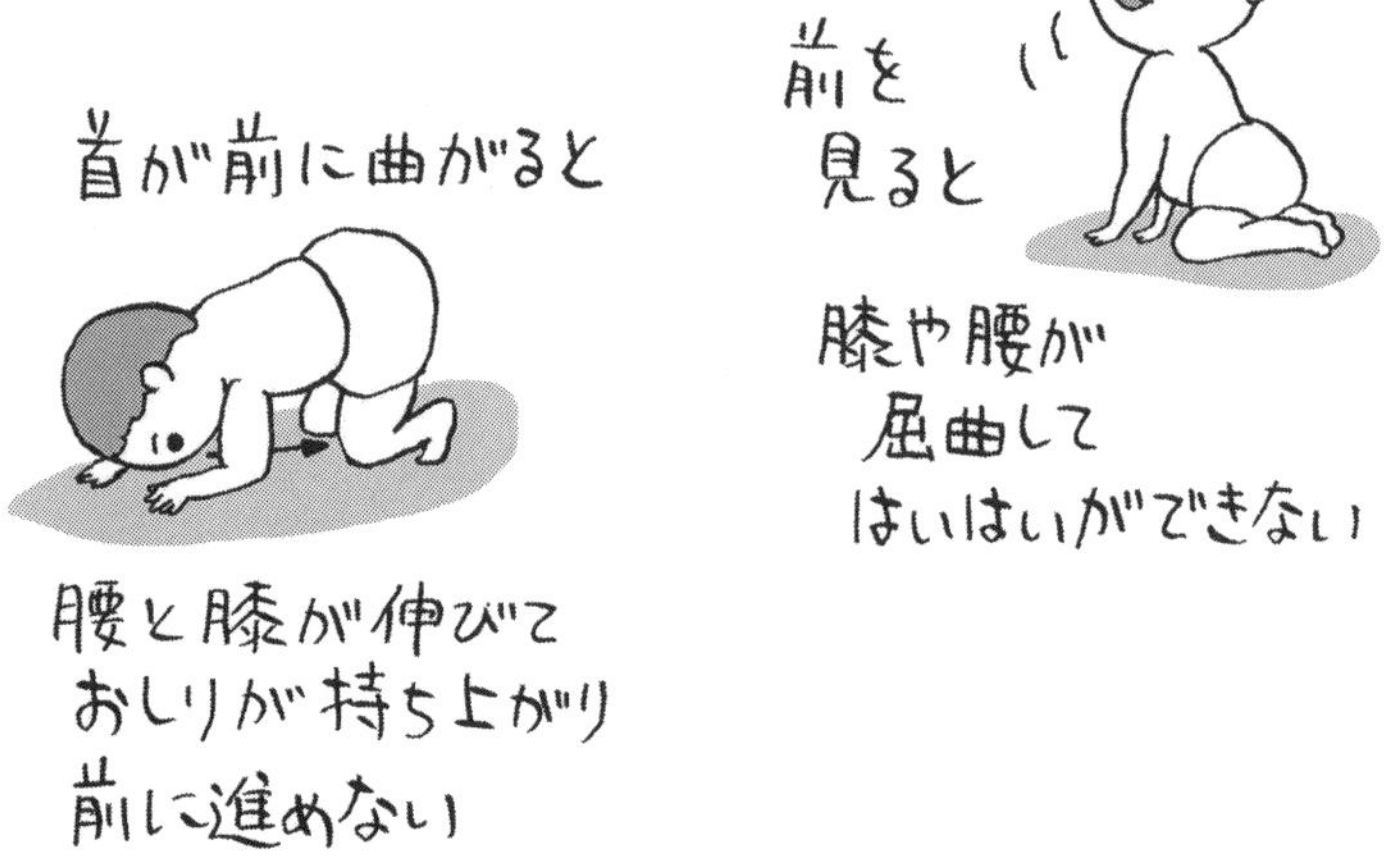
前を
見ると
膝や腰が
屈曲して
はいはいができない
首が前に曲がると
腰と膝が伸びて
おしりが持ち上がり
前に進めない

黒板の文字を見てからノートに文字を書くとき焦点が合わせづらい、キャッチボールが苦手、食べ散らかすというようなことになります。

ＳＴＮＲの動きを実際にやってみると、四つ這いの姿勢になって、首を反らして遠くを見るときと、首を胸の方に曲げて床を見るときの視界の変化に気づきます。これが、ＳＴＮＲの働きの一つです。やがて前後に身体が揺れるような状態になって（このような動きをロッキングといいます）、はいはいへと発達していくことがわかります。このような流れにおいて赤ちゃんは自然とＳＴＮＲを統合して、視覚の遠近調節機能を育て、はいはいができるようになっていくのです。

ＳＴＮＲが十分に発達してないこと、統合していないことで、筋緊張度が低く

2つの動きが統合される
段階で
赤ちゃんは
「ロッキング」
という
タテゆれをする

なります。特に脊柱起立筋という背筋を伸ばして姿勢を保持しておくのに大切な筋肉に影響が出ます。手と目の協調性に問題が出たり、肩を丸めて前方へ傾いた猿のような歩き方が見られることもあり、すぐに机にうつ伏せになったり姿勢が悪くなったりする傾向があります。

ＳＴＮＲが統合されていないと、目の焦点調節機能（近くのものに焦点を合わせたあとに、遠くの対象物に合わせる、またその逆）にも影響が出るので、黒板と手元のノートに焦点をあわせることが難しく、黒板の文字を書き写すようなことに時間がかかります。授業の情報を見落として「ちゃんと集中して聴いていない」などと言われることになります。こういった状態の人たちは遠視の傾向があるようです。

時には、前頭葉の働きが十分でないことが原因になって、掃除や片づけなどにも必要な計画化、組織化するスキルが弱い場合もあります。

対称性緊張性頸反射を統合するための遊び

このＳＴＮＲに関しては、本当に自分の身体でやってみて確かめるとよくわかりますね。こういう反射の段階があって、視界の調節機能を育てているのが実感できます。でもこの二つのポーズのままだとそれこそ前にも後ろにも進めないんだけど、やがてロッキングに発達していって、適切な筋緊張を覚えていくのですね。重力に立ち向かっている感じがします。

この反射は、本当に読者の皆様にも実際にこのポーズをご自分の身体で取ってみることをお勧めします。これを統合する遊びにはどのようなものがありますか？

はい。次のようなものがオススメです。

【ストレッチングキャット】

一　四つ這いになる（手は肩幅、肘を完全に伸ばさないでほんの少し曲げる）。

二　膝を曲げて後ろにお尻を弾くような感じでストレッチ。

三　元に戻す。

四　満足するまでやりきる。

＊参考動画　http://genshihansha.jp/genshihansha

【雑巾がけ】

床の雑巾がけは、ＳＴＮＲの統合に役立ちます。ＳＴＮＲがあると最初は、お尻がついたり、腕が前に抜けてしまったりして難しいかもしれませんが、しっかり雑巾を水でぬらすなどして、雑巾と床の抵抗を高めるとやりやすくなります。

反射7

【非対称性緊張性頸反射／ATNR（Asymmetrical Tonic Neck Reflex）】

●期間

受胎後十八週から生後四か月

●刺激と反応

首が右または左を向くと、そちら側の手足が伸展し、反対側の手足が屈曲する

●機能・目的

・子宮内で筋緊張度を高め、前庭組織を刺激する
・産道を旋回する助けになる
・腹ばいになっていても気道を確保する
・手や足や目の「利き」を作る準備のため、身体を片側ずつ鍛え、両手と両目を同時に使う基礎を形成する
・手と目の協調を育てる

●関連身体部位

胸、肩、首、両腕、両手の筋肉、また姿勢に関係の深い大きな深部筋にもかかわる。この反射の残存は学習障害児に多くみられる

ＡＮＴＲは妊娠後十八週目あたりから母体内で見られます。赤ちゃんの頭を左右の一方に向けると、同じ側の腕と足が真っ直ぐに伸び、反対側の腕と足は内側に曲がるように入り込む反射です。

赤ちゃんがお母さんのお腹を蹴るようになるのは、このＡＴＮＲの影響です。この反射は赤ちゃんの出生時には完全に発達している必要があります。分娩の際に産道を体をひねりながら出てくるプロセスを助けてくれるからです。

生まれて間もなくの期間は正常にＡＴＮＲが働き、目に入ったものを何でも目で追います。そして視点が集中します。手が同時に動くため、手と目の協調性、目標物との距離感覚の発達においてＡＮＴＲは重要な役割を果たします。

非対称性緊張性頸反射
(ATNR)

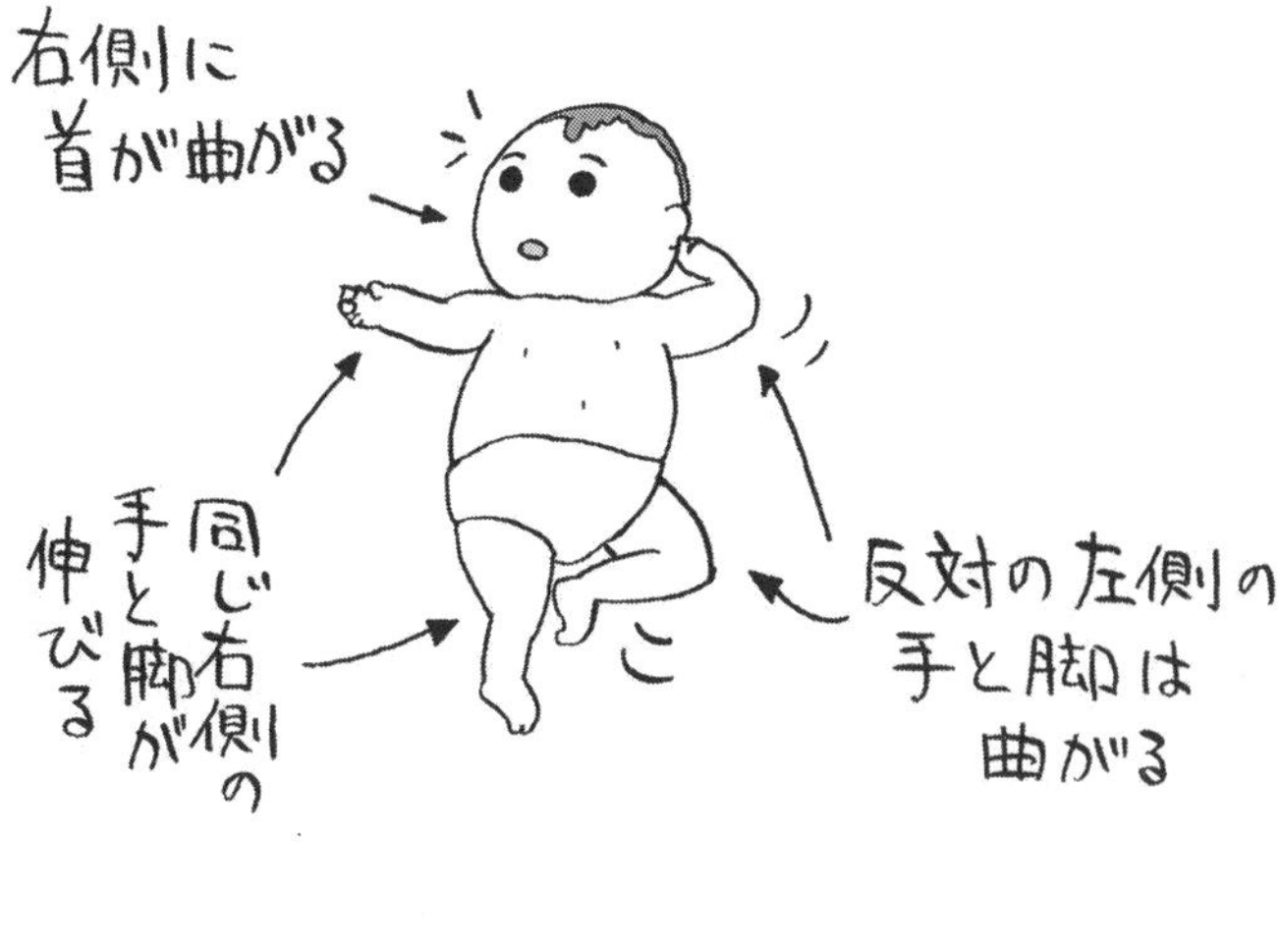

けれども時期を過ぎてもこの反射を保持したままだと、バランス感覚を欠き、ラクに歩くことの妨げになります。サッカーのような球技にもその影響は及びます。ある方向を見たときに、目を向けた方とは反対側の手や足が曲がるように動くため、自分の意識とは関係なく他の筋肉の働きを弱くしてしまうので、キャッチボールや様々なスポーツ活動の能力に影響を及ぼします。

このようにATNRが必要な時期を超えても保持されると、自分が注意を向けたいもの以外へ目が移りやすく、気が散りやすくなりがちなのです（それが原因となり、ADHDなどの診断に出会います）。

またATNRを保持していると、身体の右側と左側の両方を協働させて動かすような作業が難しくなります。

それは手足の作業だけでなく目や耳も含まれます。左右両側を使いますので、右と左の利き目や利き手の判別がつきにくくなります。右手で左側の物をとる、というような正中線を超える動きが苦手で、左右対称の図形を理解したり、書いたりするのも困難になります。書くことは紙の上に手を置いておくことが必要ですから、ATNRを保持していると、書くことに非常に大きな労力を使います。

さらには、黒板を見てそれから手元に頭を戻すときなど、書くために必要な手の微細な動きをすることが難しくなります。

この状態を解決するために、過度に筆圧を強くしている可能性があります。そのために字がうまく書けませんし、すぐに疲れてしまうので、書ける量も減ります。

書くという活動に非常に大きな集中力と時間を必要としますので、頭のなかにあるアイデアを書き出している間に、違う余計な「言葉」が出てきます。流暢に言葉を使える素晴らしい話し手であっても、ＡＴＮＲを保持していると、アイデアを文章で書いて表現することになるととたんに難しくなります。

このような状態で、頭を左右にまわすとその間に目からの情報イメージが消えてしまったり、視野の一部が見えなくなったりすることもあります。

目が手を見ているときや、視点調節が必要な学習の場面において左脳と右脳との連絡に混乱が起こるために、心と身体の両方が「ごちゃごちゃ」「ざわざわ」した感じになります。

字を書いたり、絵を描いたり、キャッチボールをするようなときに使う手と目の協調作業にも影響が出ます。手と目が独立して機能していないために、頭、目、腕、手などのスムーズな協調運動が必要となるバランスをとることに常に無意識的にストレスを抱えています。クロールでどちらか一方の息継ぎが苦手な人もＡＴＮＲの影響が考えられます。また、斜視や本を読むときなどに片目ずつで見ているようなときもＡＴＮＲの保持が考えられます。肩の怪我や故障を繰り返すアスリートやスポーツ選手はこのＡＴＮＲを保持している可能性があります。

その他、ＡＴＮＲの保持によって、下記のような特性に結びつくことがあります。

- 手と目の協調の困難。
- 文字を書くのが苦手、遅い。
- 鉛筆の握り方がぎこちない。
- 黒板の文字を写すのが難しい。
- 読んでいる文字や列をすぐ見失う（どこを読んでいたかわからなくなる）。
- キャッチボールが難しい。
- 正中線をまたぐのが難しい（例えば、右利きの場合、ノートの左側に書くのが困難）。
- 視覚トラッキング（読んだり書いたりするときに必要な目の動きのこと）の発達を妨げる。
- バランス感覚が阻害される。
- 身体の左右を別々に動かすことが難しい。
- 利き手・目・耳が確立しない（学習に大きな問題が出ます）。
- 距離の認識が難しい。
- スポーツ全般が苦手。
- 大人の場合、慢性の肩こりや首の問題を持つ。
- 斜視。

この反射、なかなか理解が難しいんですが、実際にこのポーズを自分でやってみると、産道を通るときはこれじゃないと通れなかっただろうなあ、というのはわかります。

はい。そして分娩の方法によっては、この反射を使い切らないのですよね。

だから発達の検査の時、分娩についてきかれるのでしょうか。これまで発達障害の世界では、そういうことをあまり言ってはいけない雰囲気もありましたが、自分で産道を通ってこなかった赤ちゃんが反射の回数券を使い切っていない可能性がある、というくらいは言ってもいいのではないかと思われます。今からでも取り返しが可能なのですから。

そして実際にこのポーズをとってみると、子宮内でこういうポーズをとって前庭感覚を育てていたのもわかるし、手と目の協調を育てるのもわかります。固有感覚と視覚が同時に入力されることで、人間は見ている物との距離感を学んでいくんですものね。

そしてたしかに、片方の半身の動きがもう片方の半身の動きを規定してしまい、しかもそのつり合いが取れていない状態だと、不便ですね。

というわけで、この一見不思議な反射、いかにも赤ちゃんぽいポーズが成長に必要だったことはわかりました。時期を過ぎて残存していると不便なことも、その状態像が学習障害と呼ばれる人たちと重なることもわかりました。この反射の統合遊びも教えてください。

はい。次のようなものがあります。

非対称性緊張性頸反射を統合するための遊び

【とかげ体操】

一　うつぶせに寝る。
二　顔を片側に向け、同じ側の手と脚を上げる。
三　顔と反対側の手と脚は下げる。
四　満足するまでやる。
＊参考動画　http://genshihansha.jp/genshihansha

【アームストレッチ】

一　両腕を頭上に上げる。
二　パートナー（支援者等）が後ろに立って、肘の少し下あたりに触れる。
三　本人は、触れられた方向へ力をかける（全力の半分くらい）。
四　息を吐きながら七秒間圧を加える。
五　いったん脱力。
六　パートナーは、腕の肘のあたり、内側、前方、後方の各方向に順番に触れる。
七　本人は、腕が内・外・前・後の抑えられた方向へそれぞれ七秒間圧を加える。

アームストレッチ

【足底反射 (Infant Plantar Reflex, Babinski Reflex)】

幼児がはいはいの姿勢から立ち上がり、歩行を獲得するようになる過程には、足の親指の発達が見られます。その始まりが足の原始反射である「プランター反射」「バビンスキー反射」です。

赤ちゃんにはまずプランター反射（足底把握反射）が見られます。足の指を内側にカールさせて何かを握るような様子を見せます。まもなくこの反射は消失して次にバビンスキー反射が現れます。拇指背屈位（足の親指を甲側に反らす）になります。これで、はいはいがしやすい状態になったことがわかります。

これらの反射は、自然に歩いたり、走ったり、歩きながらバランスを取ったり、凸凹の道を器用に歩けるようになるための足の機能や筋肉の発達に大きく関連しており、これらの反射が十分に発達せず、または残存している場合には、歩行やバランス感覚（前庭機能）などに影響が及びます。

また、足裏の刺激に敏感なため、床に足を落ち着けて座っておくことに違和感があり、靴を脱ぎたがる、椅子の上に足を載せてあぐらで座りたがる、足をもぞもぞ動かす、直ぐに立ち上がり動き出す、等の場合にもこれらの反射の保持を考えることができます。

反射8

【新生児プランター反射（Infant Plantar Reflex）】

●**期間**

受胎後十一週～生後三か月

●**刺激と反応**

足裏の拇指球のあたりを圧迫したりこすったりすると足指を握る

●**機能・目的**

・しがみついて安全を守る

・立つ・歩く・走るなどの後の足の機能基礎作り

●**関連身体部位**

足・足首・ふくらはぎの筋肉

プランター反射は、妊娠十一週で現れ、出生時には完全に見られます。通常生後四か月ほどで統合され消えます。足の裏を刺激されるとつかむような仕草をし、足裏の膨らみを圧迫したりこすったりすると、つまさき・足指を屈曲させます。

プランター反射は、足の小さな筋肉の動きと調整に関する反射で、赤ちゃんが手や足をばたばたさせる、寝返りをうつなど、腕や足、胴の大きな動きである粗大運動をし始めることにつながっていきます。

子どもがいったん立って歩き出すと、足の前側の筋肉である伸筋は、歩いているときに拇指球にかかる圧力を適切に和らげる役目があります。しかし、プランター反射を保持していると、筋肉の働きをうまく活かしきれず、しっかりとした拇指球への荷重もできません。

歩くという活動は、全身の筋肉の収縮と緩和のリズムの上に成り立っていて、そのパターンの阻害になることは、様々な怪我の再発の要因になります。プランター反射を統合することで、そのような要因を減らすことができます。

プランター反射が保持されていると、バランス能力と歩行に影響を与えます。歩く

足底反射
プランター反射

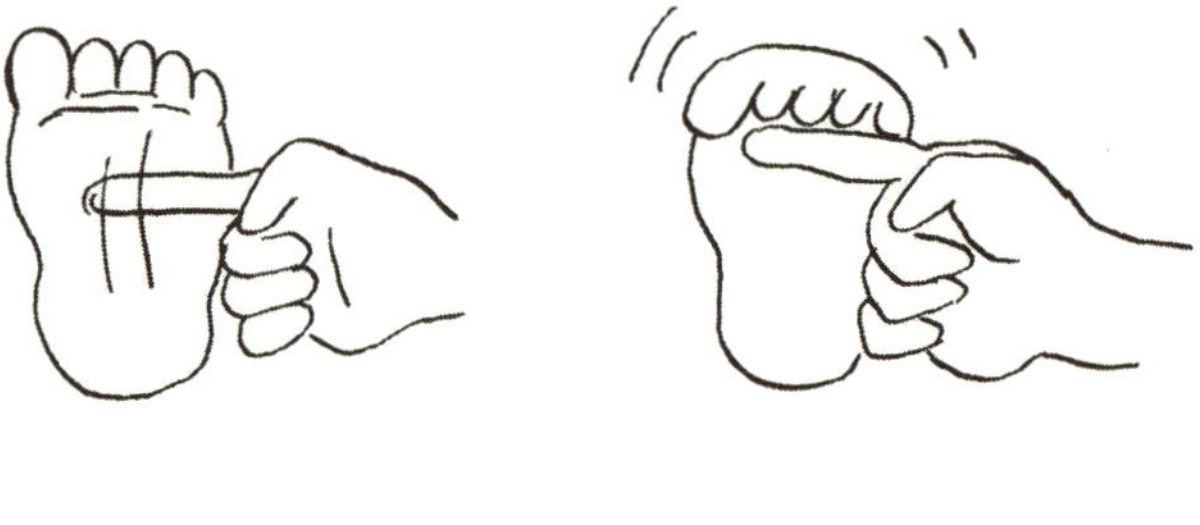

までに他の子どもさんより時間がかかることになるかもしれませんし、不器用な走り方や、バランス能力の欠如につながることがあります。

小さなお子さんだと、靴を履くときに指が内側にぎゅっと曲がるために、靴を履くことが困難になるかもしれません。もう少し大きなお子さんになると、サッカーのような、走りとバランス感覚、身体協調性を同時に必要とする様なスポーツが困難になります。成人では、歩くとき、座っているとき、ある人はその両方の場面で背中や腰への痛みを訴えます。巻き爪や外反母趾、足首の捻挫の再発なども、プランター反射の保持を示す兆候です。

反射9

【バビンスキー反射 (Babinski Reflex)】

●期間

生後二、三日～二十四か月　出生時には見られない

●刺激と反応

足底外側へ刺激があると親指が反り、他の指が扇状に広がる

●**機能・目的**
・歩き、走るための足の準備（とくにでこぼこ道）
・平衡感覚、全身の安定化
●**関連身体部位**
足・脚・腰・臀部の筋肉が関わる

バビンスキー反射は、出生時には現存せず、生後まもなく現れる反射です。足裏の縁（外側）を先の硬い尖ったものなどで踵から爪先に向かってこすると、足の親指が上に引っ張られるように足の甲側にそり（拇指現象）、また他の指の爪先が外側に扇のように広がります（開扇現象）。

二歳未満の幼児には通常見られますので、中枢神経系の発達や赤ちゃんの足の発達が機能しているかどうかを調べる確認として使われることもあります。

足底反射
バビンスキー反射

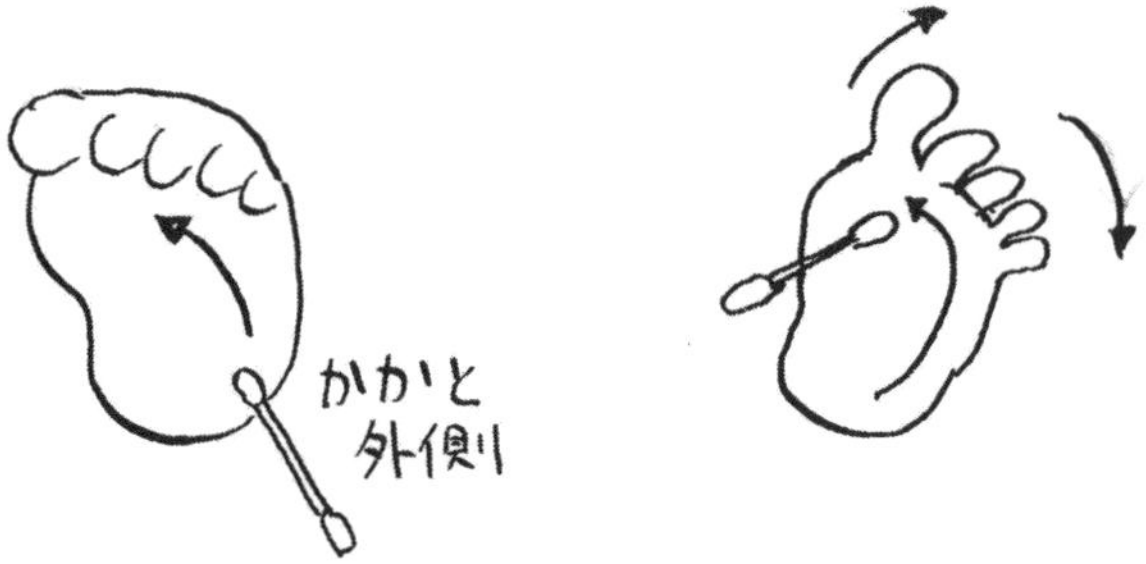

足底の反射トレーニングについては第一部で具体的な方法をたくさん教えていただきましたが（↓162ページ参照）、とにかく足底を使うといいのですね。裸足になって色々な地面を歩いたりするのが自然な統合方法なのですね。

はい。靴を履くことを嫌がることもありますが、可能な場面では裸足を許してあげてほしいと思います。それと、走ったり歩いたりがやっかいなことをよくわかってあげてほしいです。足のマッサージもいいですね。

マッサージですか。よかったら方法を教えてください。

はい。

【足のマッサージ】

一　足の指の爪と指の腹をはさんで一本ずつしごくように引っ張る。
二　次は指の左右をはさんで同じようにマッサージ。
三　次は指の付け根から回すようにしたあと軽く引っ張る。
　これは十本の指全部です。そして、
四　足指の間の「水かき」をマッサージ。

まとめに代えて

支援する側に求められること

私はこれまで、「発達障害者は発達する」という信念のもと本を出してきましたが、灰谷さんとの出会いによって、なぜ発達するのか、がより明瞭になった気がします。

発達凸凹の子どもたちって、「やり残しがある子」だな、と思ったんです。胎児・乳児のころにはサバイバルに必要だったけどその後必要ではなくなった機能の回数券を使い切っていない。だから「回数券を使い切らせてあげる」ことにより、シャンパンタワーみたいに発達が起きているんだなあと思うし、実際私たちが目撃してきた中にも、そうやって障害特性が薄くなっていく人、なくなっていく人、よいかたちで残ってむしろサバイバルに活用している人たちがたくさんいますから。

ただ「使い切らせてあげる」という方針を「子どものやっていることはなんでも許す」と誤解する人も必ず出てきます。ところが実際に社会の中では、たとえば他人に怪我を負わせることは許されない。そのあたりを灰谷さんはどのように対応しているのでしょうか。

そうですね。では最後に「支援する側に求められること」についてお話ししましょう。

お願いします。

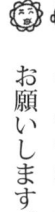

コミュニケーションを脳の三つのレベルで説明すると

一　大脳新皮質＝言葉（言っていること）
二　大脳辺縁系＝感情（思っていること）
三　脳幹（＋小脳）＝態度（身体で感じていること＋やっていること）

から成り立っていて、

大切なのは、今支援しようとしている相手が、どの脳で生きているか？　ということです。

なるほど。

いわゆる定型発達の良い状態の大人であるほど、一～三がつながりを持って、全脳的に認識判断しているので、

相手の

一　言っていること
二　（本当に）思っていること
三　やっていること

に一貫性があるかどうか、というのを観察し、判断します。

そこに一貫性がないといわゆる「なんか信用できない、あやしい、納得できない」という状態が生まれます。だから僕は支援者のトレーニングとしても、

一　言っていること
二　思っていること
三　やっていること

に一貫性があるか、言っていることとやっていることが違うなど支離滅裂な状態ではないか？　というトレーニングをやります。発達凸凹の子どもたち、原始反射の残っている人たちは、二と三で生きているのです。原始反射は脳幹にありますから。

犬や猫を飼っていると毎日遭遇することですが、犬に対して、他の家事に気を取られた状態で「おすわり‼」と指示しても座りません。犬は辺縁系で生きているので、人間の言葉よりも「感情と態度」を受け取っています。言葉だけで支配する飼い主は、自分の指示を無理に通そうとして「座れ！」といって無理に座らせたり、ご褒美を与える方法でしかコミュニケーションできなかったりします。

発達凸凹の子と親や支援者の間でも似たようなことが起っていると僕は思っています。

実際には犬に対して「穏やかに＝二」「毅然とした態度で＝三」「おすわり＝一」と言うと、叱らなくても、ご褒美で釣らなくても、ちゃんと座ります。でも二と三で生きている

人たち、頭でっかちな（新皮質偏重な）人たちは一の言葉だけで、相手をなんとかしよう、動かそうとします。

この本に出てきた言葉で言うと、「上位の脳にだけ働きかける療育」ですね。

はい。しかし、それはうまく行かないことが多いでしょう。それでもうまく行かせようとしたら、権威や強制力や理屈を持って、ある意味ねじ伏せるしかなくなります。「やらせる」「決められたことをやる」ような支援法が難しいのは、支援者の二と三の状態がバラバラで無理が生じているのに、いくら「やり方」を当てはめようとしても、本能的な子どもはそれを察知して動かないからです。

そうすると、知識偏重の大人は勘違いして、それを効果があることを証明するために、もっと仰々しい、もっともらしい理屈をつけないといけなくなります。この状態では、支援者や親も疲れますから、長続きしません。自分の状態をまず整えて子どもに向き合うことで、お互いが自然に学び合っていくことができます。

なるほど。

支援する側として大切なのは「言っていること、思っていること、やっていること」に一貫性があることです。

（完）

笑顔になれる発達支援モデルがここにある

松永泰明（精神科医）

灰谷孝さんと最初にお会いしたのは二〇一二年六月のことです。その当時勤めていた病院が思春期外来を開くにあたって、発達障害の児童を対象とした運動療法をすることになり、灰谷さんにワークショップを開いていただきました。

「楽しさの中にその人の発達に大切な動きがあります」

「気持ちがいいことをやればやるほど、苦手なこともできるようになります」

「こちらが一緒に喜んでいるかどうかで、その後の発達が変わってきます」

灰谷さんの言葉は現代医療に慣れていた私たちの耳にはとても新鮮に響きました。エビデンスに基づいた医療をしていると、ついつい自分たちには思い込みがないと思い込んでしまいます。

灰谷さんは子どもさんに触れるとき、さするのか、圧を加えるのか、その強弱、速さなどを全て尋ねながら、一番心地いいと感じられるやり方で進めていきます。その子の発達に必要なことは本人のみが知っているからです。子どもの「気持ちいい」に一番の信頼をおいています。

私は早速、言葉を話せず、暴力と自傷行為を繰り返していた自閉症の患者さんに、習ったばかりの臍と脊椎のマッサージを試してみました。すると突然、ドアから飛び出し、笑いながら廊下を走り出したのです。その姿を見た看護師さんが「先生、いったい何をしたんですか！」と驚いていました。発達支援コーチはする側もされる側も笑顔になれるのです。

その後、私は二十四時間対応の精神科救急病院に勤務することになり、激しい症状を呈する児童思春期の子どもの入院治療にあたることが多くなりました。あるとき、注意欠陥多動性障害と診断された十四歳の男の子が学校での暴力がエスカレートし、相手を病院送りにしたりするため、入院してきました。その子はいつもフードを深くかぶり、その奥から敵意むき出しの目で、こちらをにらみつけていました。診察をしてみると、フードを深くかぶるのは蛍光灯の下ではイライラしてしまうためで、その感覚過敏の背景にモロー反射が残存していることが分かりました。一緒に統合遊びをした後には、蛍光灯への不快感が五分の一程度に軽減していました。遊びの中から一番気持ちよかったものを選び、毎日続けてもらうことにしました。その後、数週間でフードは必要なくなり、学習グループで児童患者に勉強を教えてあげるまでになり、二か月ほどで退院していきました。

発達に凸凹がある子どもは自分の発達に必要な刺激への感受性が非常に敏感で、自分を成長させてくれる動きにはエネルギーを注ぎ込みます。欠けたものを元に戻す医療モデルだけでなく、できなかったことができるようになる、未来に向けての発達支援モデルが必要なのです。

本書にはその貴重な方法が書かれています。ひとりでも多くの専門家やご家族に読んでいただき、子どもたちの成長を笑顔で喜べる体験を味わってほしいと願っています。

親子が一緒になって
本気で遊ぶ時間
きらめくような時間

それこそが
人間としての
土台を育てているんだね

こういう本を読んできました

灰谷 孝

『やさしく学ぶからだの発達』●林万リ＝著 ●全国障害者問題研究会

『脳はすごい』●クラーク・エリオット＝著 ●高橋洋＝訳 ●青土社

『幼児期における運動発達と運動遊びの指導』●杉原 隆＋河邉貴子＝編 ●ミネルヴァ書房

『今なぜ発達行動学なのか』●小西行郎＋加藤正晴＋鍋倉淳一＝著 ●診断と治療社

『発達障害の子どもの視知覚認知問題への対処法』●ソナ・A・カーツ＝著 ●川端秀仁＝監訳 ●泉流星＝訳 ●中村尚広＝協力 ●東京書籍

『手のなかの脳』●鈴木良次＝著 ●東京大学出版会

『オキシトシン――私たちのからだがつくる安らぎの物質』●ジャスティン・ウヴネース・モベリ＝著 ●瀬尾智子＋谷垣暁美＝訳 ●晶文社

『若返る人――50歳のまま、80歳、それ以上を迎える方法』●クロス・クロウリー＋ヘンリー・ロッジ＝著 ●沢田博＋佐野恵美子＝訳 ●エクスナレッジ

『ブレイン・ルール』●ジョン メディナ＝著 ●小野木明恵＝訳 ●日本放送出版協会

『ブレインジムと私』●ポール・デニッソン＝著 ●石丸賢一＝訳 ●市民出版社

『お手玉をするとうつ、パニック障害が治る』●中原和彦＝著 ●マキノ出版

『タッチ』●岩村吉晃＝著 ●医学書院

『ことばでつまずく子どもたち――話す・読む・書くの脳科学』●竹下研三＝著 ●中央法規

『体の軸・心の軸・生き方の軸』
●高岡英夫＝著 ●ベースボールマガジン社

『体の中の原始信号――中国医学とX-系』
●間中喜雄＋板谷和子＝著 ●地湧社

『向井千秋の宇宙と体のおもしろい関係』
●NHK出版＝編

『壊れた脳 生存する脳』
●山田規畝子＝著 ●講談社

『皮膚感覚の不思議』
●山口創＝著 ●講談社

『子供の脳は肌にある』
●山口創＝著 ●光文社新書

『精神科養生のコツ』
●神田橋條治＝著 ●岩崎学術出版

『ことばの発達は新生児期から始まる』
●井上正信＝著 ●静岡新聞社

『トラウマからの回復――ブレインジムの動きがもたらすリカバリー』
●S・マスコトーバ＋P・カーリー＝著 ●五十嵐善雄＋五十嵐郁代＋たむらゆうこ＋初鹿野ひろみ＝訳 ●星和書店

『妻を帽子と間違えた男』
●オリヴァー・サックス＝著 ●高見幸郎＝訳 ●ハヤカワノンフィクション文庫

『ヒトのなかの魚、魚のなかのヒト』
●ニール・シュービン＝著 ●垂水雄二＝訳 ●ハヤカワノンフィクション文庫

『子どもは遊べなくなったのか――気になる子どもとヴィゴツキー＝スピノザ遊び理論』
●神谷栄司＝編著 ●三学出版

『人間発達学――ヒトはどう育つのか』
●竹下研三＝著 ●中央法規

『理学療法・作業療法のための神経生理学プログラム演習2 運動発達と反射――反射検査の手技と評価』
●Marylou R.Bames, Carolyn A.Crutchfield, Carolyn B.Heriza＝著 ●真野行生＝監訳 ●医歯薬出版株式会社

『理学療法士・作業療法士のための小児の反射と発達の診かた』
●前川喜平＋鶴見隆正＋清水順市＝編著 ●新興医学出版社

『感覚と運動の高次化からみた子ども理解』
●宇佐川浩＝著 ●学苑社

『標準生理学』
●福田康一郎＝監修　●医学書院

『図説 東洋医学〈基礎編〉』
●山田光胤＋代田文彦＝著　●学研

『アナトミー・トレイン――徒手運動療法のための筋筋膜経線』
●板場英行＝著　●医学書院

『幼児期における運動発達と運動遊びの指導』
●杉原隆＋川邉貴子＝著　●ミネルヴァ書房

Assessing Neuromotor Readiness for Learning: The INPP Developmental Screening Test and School Intervention Programme
●Sally Goddard Blythe　●Wiley-Blackwell

Powerful! Reflexes Shape Your Life
●Barbel Holscher　●BoD-Books on Demand

Sensing, Feeling, and Action: The Experiential Anatomy of Body-Mind Centering
●Bonnie Bainbridge Cohen　●Contact Editions

◎本書登場の花風社の本

『発達障害は治りますか？』
●神田橋條治 他＝著

『活かそう！ 発達障害脳』
●長沼睦雄＝著

『自閉っ子の心身をラクにしよう！』
●栗本啓司＝著

『芋づる式に治そう！』
●栗本啓司＋浅見淳子＝著

『治ってますか？ 発達障害』
●南雲明彦＋浅見淳子＝著

『支援者なくとも、自閉っ子は育つ』
●こより＝著

著者紹介

灰谷 孝（はいたに・たかし）

発達支援コーチ／マスタートレーナー。一般社団法人ここからだ代表理事。

1974年生まれ。神戸市出身。淡路島在住。

龍谷大学卒業後、会社員として人材教育や採用を担当する。

独立後に企業研修講師・ビジネスコーチとして多くの会社の人材育成に関わる。

その経験を元に、「働く喜びにつながる支援」が障害のある人にもない人にも選択可能になることを目指して活動している。

子どもたちへの個人セッションと並び、成人対象に「発達支援コーチ」の講演講座を多数行い、全国で子どもの発達の不安や心配を気軽に相談できるように「発達支援コーチ／トレーナー」の育成を進めている。

また児童発達支援＆放課後等デイサービス「チャイルドハート塩上」を香川県高松市に運営。教育者に発達の土台づくりの大切さを広く伝えるため、発達支援の事業所や幼稚園などの教育現場に出向いての指導研修やコンサルティングも積極的に行っている。

人間脳《にんげんのう》を育《そだ》てる

動《うご》きの発達《はったつ》 & 原始反射《げんしはんしゃ》の成長《せいちょう》

2016年 6月23日 第一刷発行
2025年 7月18日 第十七刷発行

著者 灰谷 孝

イラスト 小暮満寿雄
デザイン 土屋 光
発行人 浅見淳子
発行所 株式会社花風社
〒151-0053 東京都渋谷区代々木2-18-5-4F
Tel：03-5352-0250 Fax：03-5352-0251
Email：mail@kafusha.com URL：http://www.kafusha.com
印刷・製本 中央精版印刷株式会社

ISBN978-4-907725-97-6